당신은 아파트에
살면 안 된다

차상곤 박사와 함께하는 층간소음의 모든 것

차상곤 지음

당신은 아파트에
살면 안 된다

황소북스

모든 국민은 건강하고 쾌적한 환경에서 생활할 권리를 가지며,

국가와 국민은 환경 보전을 위하여 노력하여야 한다.

국가는 주택 개발 정책 등을 통하여

모든 국민이 쾌적한 주거 생활을 할 수 있도록 노력하여야 한다.

_ 대한민국 헌법 제35조

당신은 아파트에 살면 안 된다

"차상곤 소장님이시죠?"

2013년 설날 연휴 첫날, 한 통의 전화가 걸려왔습니다.

"아, 이제야 연결되네요. 몇 번을 전화했는지 모릅니다. 소장님과 꼭 통화할 일이 생겨서요. 참, 저는 중앙일보의 ○○○ 기자입니다. 지금 어디세요?"

다급하고 절박한 목소리였습니다.

"명절이라 처가에 내려왔습니다. 근데 무슨 일이세요?"

"서울 면목동에서 살인 사건이 일어났습니다. 두 형제가 칼에 찔려 죽었습니다."

깜짝 놀랐지만 이내 침착하게 물었습니다.

"근데 그게 저하고 무슨 상관인지……."

"경찰이 조사해보니 층간소음 때문이라고 하네요. 소장님께서 층간소음에 관해 국내 최고의 전문가라고 들었습니다. 층간소음이 사회 문제인 건 알고 있었지만, 살인까지 할 정도로 심각한 줄은 몰랐습니다. 저희 신문사에서 이 문제를 좀 더 심층적으로 다루려고 합니다. 그래서 소장님의 도움이 필요합니다. 언제쯤 올라오시나요?"

착잡한 마음으로 전화를 끊고 보니 부재중 전화가 30통 넘게 와 있었습니다. 그 당시만 해도 층간소음으로 폭행이나 살인이 일어나도 소음에 예민한 사람이거나 정신이상자의 도발적 행동으로 취급할 때였습니다. 언론도 크게 보도하지 않았습니다.

'이번 사건으로 층간소음 문제가 얼마나 심각한지 모두 알았으면 좋겠군.'

해당 전문가로서 어깨가 무거웠습니다.

며칠 후 사건을 자세히 알아보기 위해 기자와 함께 살인 현장을 방문했습니다. 현장 곳곳의 핏자국과 비릿한 피 냄새가 그날의 참혹함을 말해주고 있었습니다.

"끔찍하네요. 층간소음이 뭐라고 이렇게까지 사람을 잔인하게 죽일 수 있죠?"

동행한 누군가가 고개를 절레절레 흔들며 말했습니다.

지금도 가끔 그날의 살인 현장이 떠오르곤 합니다. 그때 그곳을 생각하면 죄책감과 책임감이 함께 몰려옵니다. 제가 하는 일에 대해 다시 한 번 생각해보는 계기가 된 사건이자, 제 인생의 중요한 변곡점이 된 사건이기도 합니다. 그래서 민원인들의 거친 말과 행동 때문에 마음의 상처를 받고 이직을 고민하는 후배 상담사들에게는 꼭 그때의 심정을 들려줍니다.

"우리의 일이 한 사람의 소중한 생명을 지킬 수도 있습니다."

박사 논문 준비하면서 처음 만난 층간소음 피해자

제가 처음 이 분야에 발을 들여놓은 것은 2001년이었습니다. 대학에서 건축학을 전공한 저는 그때 '소음'을 주제로 박사 논문을 쓰고 있었습니다. 어느 날 도서관에서 우연히 신문을 봤는데, 층간소음으로 피해를 입은 사람의 인터뷰가 실려 있었습니다. 자신은 미국 교포인데 "한국 아파트에 이사 오면서 층간소음으로 고통을 받고 있다. 조사해보니 나 같은 피해자가 전국에 널려 있다는 사실을 알게 되었다. 그래서 그분들과 뜻을 모아 피해자대책협의회를 세우려 한다. 이 글을 보고 있는 피해자들은 연락해달라. 함께 힘을 합쳐보자"는 내용이었습니다.

제가 쓰고 있는 논문에 도움이 될 것 같고 호기심도 일어 그분에게 연락을 취했습니다. 커피숍에는 여러분이 함께 있었는데, 제 경력을 듣자마자 이런저런 질문을 쏟아내기 시작했습니다. 저는 제가 알고 있는 범위 내에서 그분들의 질문에 일일이 답해주었습니다. 주로 아파트 설계와 구조, 층간소음이 발생하는 원인과 현상 등 공학적인 이야기였는데, 그분들은 '처음 듣는 신선한 이야기'라며 귀를 쫑긋 세우고 경청했습니다.

"학생의 도움이 필요합니다. 저희를 도와주세요. 제발 부탁입니다."

그분들의 간절한 부탁을 거절할 수 없었습니다. 결국 저는 피해자들을 상대로 층간소음에 대한 이론 상담을 해주기 시작했고, 급기야 서울의 한 구청에서 대규모 공청회까지 열게 되었습니다. 이는 우리나라 최초로 층간소음 피해자들이 참가한 공청회였습니다. 앞에서도 언급했지만 당시 층간소음 피해자는 예민하거나 정신적으로 문제 있는 사람 취급을 받고 층간소음을 거론하면 아파트값이 떨어진다는 이유로 피해자의 입을 막던 시기였지만, 전국에서 200명 넘게 참가해 대성황을 이루었습니다.

이 공청회가 화제가 되자 층간소음 피해자를 위해 마련한 사무실이 그야말로 불난 호떡집이 되었습니다. 하루에 1000통 넘는 전화와 팩스가 쏟아졌고 사무실은 피해자들로 붐비기 시작했습니다. 저의 층간소음 상담이 본격화하기 시작한 것은 바로 이때입니다.

우리는 층간소음 피해자들이 좀 더 자신의 목소리를 낼 수 있는 시민 단체를 만들자는 데 의견을 모았고, 그렇게 해서 만든 단체가 아파트주거문화개선시민운동본부입니다. 우리나라의 첫 층간소음 피해자 모임인 이 단체에서 저는 사무국장으로 열심히 일하며 논문을 썼습니다.

하지만 시민운동본부 대표와 임원들이 이사와 생업으로 하나둘씩 이탈하며 일에 과부하가 걸렸습니다. 결국 수많은 민원인을 최대한 빠르게 상담하기 위해서는 저만의 층간소음 상담 매뉴얼이 필요했습니다. 이에 따라 상담 방법, 교육 방법, 층간소음 피해자의 경향과 접근 방법, 층간소음 민원 해결을 위해 우선해야 할 사항 등을 체계적으로 정리하기 시작했습니다.

층간소음 투쟁의 시작, 시민운동본부

2002년 층간소음을 성토하는 국민적 목소리가 더욱 커졌습니다. 이에 정부는 신규 아파트를 시공할 때 층간소음 기준을 만들어 준수하도록 하는 법령을 만들기로 했습니다. 이를 위해 시민 단체 및 전문가들의 도움을 받으려 했지만, 제 생각은 좀 달랐습니다. 그래서 이런 주장을 많이 했습니다.

"정부가 뒤늦게나마 층간소음을 예방하기 위해 시공할 때 기준을 만들기로 한 것은 잘한 일입니다. 하지만 지금 신규 아파트에 갓 입주한 입주민들도 층간소음 피해를 호소하고 있는 실정입니다. 따라서 층간소음 민원 관련법과 민원 시스템을 마련해야 합니다."

저의 주장은 층간소음 민원인의 상황을 알려고 하지도 않고 현장의 심각성을 애써 무시하려는 일부 정부 관계자에 의해 묵살당했습니다.

"층간소음 민원은 일부 예민하고 극성스러운 사람의 문제입니다. 대형 아파트 단지에서도 불과 한두 명이 제기하는 민원 때문에 국가 예산을 낭비할 수는 없습니다."

그래도 저는 목소리를 높였습니다.

"겉으로 드러나지 않을 뿐 층간소음 피해자는 많습니다. 참고 쉬쉬하는 가운데 층간소음으로 고통받는 피해자는 지옥 같은 하루하루를 보내고 있습니다. 앞으로 층간소음은 커다란 사회 문제가 될 것입니다."

그러나 정부의 입장은 한결 같았습니다.

"시공만 튼튼히 하고 잘 감시하면 층간소음은 저절로 해결될 겁니다. 너무 걱정하지 마세요."

답답하고 안타까운 날들이었습니다. 결국 층간소음은 시공만 튼튼히 하면 모든 것이 해결된다는 그들의 주장에 따라 관련 기관에서는 층간소음을 줄이기 위한 시공 방법을 연구하기 시작했습니다.

2003년 드디어 그 연구 결과가 나왔고, 몇 번의 공청회와 토론회를 거쳐 마지막 결정을 위한 전문가 의견 수렴 단계만 남은 상태였습니다.

당시 층간소음 저감 시공법 관련 문제는 중량 충격음의 측정 방법과 기준을 어느 정도로 할 것인가에 집중되었습니다. 우리나라에서 큰 문제가 되지 않는 경량 충격음의 기준은 58데시벨로 이미 확정했지만, 중량 충격음을 50데시벨로 할지 아니면 더 강화된 48데시벨로 할지를 두고 의견이 분분했습니다. 우리나라처럼 아파트 등의 공동주택이 많은 국가에서는 중량 충격음이 중요합니다. 왜냐하면 층간소음 발생 원인 1위와 2위가 아이들 뛰는 소리와 어른들 걷는 소리인데, 이 모두가 중량 충격음이기 때문입니다. 이런 까닭에 저를 비롯한 시민 단체와 환경부에서는 48데시벨을 원했지만, 시공사와 일부 전문가들은 반대 의견을 냈습니다.

"기준을 강화하면 분양가가 올라갈 수밖에 없습니다. 이는 소비자에게 큰 부담으로 돌아갈 것입니다."

"세계적으로 어떤 나라도 층간소음을 위해 강제 기준을 적용하지 않습니다. 층간소음 시공 기준을 만드는 것 자체가 코미디입니다."

마침내 중량 충격음의 기준을 놓고 최종 의견을 조율하기 위해 20여 명이 참가한 전문가 회의가 열렸습니다. 이 자리에서 그 문제를 다수결로 결정한다는 좌장의 말을 듣고 제가 말했습니다.

"좌장님, 지금 참여한 전문가 대부분이 시공과 관련 있는 분들입니다. 이런 상황에서 다수결로 결정하는 경우가 어디 있습니까? 더군다나 층간소음 민원인의 피해가 심각해서 이러한 기준을 만들게 된 것인데, 당연히 민원인에게 유리한 강화된 기준으로 정해야 하는 것 아닌가요? 의견이 분분하면 좀 더 연구를 해서 그 결과를 바탕으로 결론을 내야지 다수결로 정하는 것은 말도 안 됩니다. 이런 식으로 기준을 만들었다가는 향후 민원이 늘어나면 늘어났지 줄어들지 않을 겁니다."

하지만 결국 다수결에 의해 중량 충격음의 기준은 50데시벨로 확정되었습니다. 저의 주장은 허공으로 날아갔고, 너무나 허무하고 억울한 마음에 눈물까지 났습니다. 물론 기준이 생긴 것은 새로운 아파트에 입주하는 주민들에겐 좋은 일입니다. 하지만 그날 정한 50데시벨 기준은 다른 표현으로 하면 윗집의 소음이 들려도 그 정도는 참을 수 있어야 한다는 것이고, 그걸 못 참는 사람은 예민하거나 정신적으로 문제가 있다는 뜻입니다. 결국은 시공사에 층간소음 문제에 대해 면죄부를 준 것이나 마찬가지입니다.

이처럼 층간소음 기준을 만든 이유는 시공 시 국가가 정한 성능 기준을 준수하면 입주 후 층간소음이 줄거나 없어질 수 있다는 믿음에 서였습니다. 이 법은 2005년 7월 이후부터 사업 승인을 받은 아파트에 적용하도록 했습니다. 그로부터 15년이 넘게 지난 지금 이 기준이 층간소음 저감이라는 목적을 달성했는지는 이 글을 보고 계신 여러분이 잘 아실 겁니다.

2003년 당시 중량 충격음 기준을 제가 주장한 48데시벨로 설정했다면 어땠을까요? 50데시벨로 시공하는 것보다 가격이 3배 이상 들었겠지만 저감 효과는 크게 좋아졌을 겁니다. 그때 제가 주장한 층간소음 민원 시스템을 구축했다면 어땠을까요? 그때에 비해 층간소음은 해마다 증가하고 있습니다. 연평균 3만 건 넘는 민원이 층간소음 이웃사이센터와 지자체 민원실에 접수되고 있습니다. 아파트 경비실에 앉아 있으면 하루에도 수십 건의 층간소음 민원을 받는 게 대한민국의 현실입니다. 대한민국의 공동 주택이 층간소음 문제로 골머리를 앓고 있습니다.

몇 년의 시간이 흘렀습니다. 시공사에 대한 소비자의 항의에도 층간소음은 해결될 기미가 보이지 않았습니다. 이웃 간 분쟁도 계속되어 폭행과 협박 사건이 연이어 일어났습니다. 층간소음 문제는 끝이 없었습니다. 시민운동본부에서 함께 활동하던 사람들의 열정도 많이 식어갔고, 우리를 믿고 따르던 민원인과 후원자도 실망감과 낙심의 시간을 보냈습니다. 저 또한 지치고 힘들었습니다. 특히 저를 힘들게 한 건 미래에 대한 불안감 때문이었습니다.

박사 학위를 취득하고 대기업에 취직하는 게 당시 제 꿈이었습니다. 마침 층간소음이 사회적으로 큰 이슈로 떠오르기 시작해 제 전공 덕분에 쉽게 취직할 수 있을 거라고 여겼습니다. 하지만 1차 서류 전형을 통과하고 2차 면접에서 몇 번의 고배를 마시다 보니 점점 자신감이 없어졌습니다. 그즈음 한 선배를 만났더니 뜻밖의 이야기를 들려주었습니다.

"너 시민 단체에서 층간소음 활동가로 일한다며? 시공사뿐만 아니라 관련 단체에 너에 대한 소문이 파다해. 공부도 많이 하고 능력도 좋은 건 아는데, 자기 회사에 들어오면 분란만 일으킬 거라고 하더라. 회사가 아니라 소비자를 위해 일할 거라면서. 왜 쓸데없는 시민운동은 해서 창창한 네 앞길을 막고 그러냐."

그 이야기를 듣고 시민운동본부에서 활동한 것을 처음으로 후회했습니다. 박사 논문이 계기가 되어 시작한 일이지만, 그동안 층간소음으로 고통받는 민원인의 이야기를 듣고 상담하며 많은 것을 배웠습니다. 또한 시공사의 행태를 지금 이대로 방치하거나 윗집과 아랫집의 분쟁을 조정하는 민원 시스템을 구축하지 못하면 장차 더 큰 사회 문제가 발생할 거라는 사실도 알았습니다. 그래서 더욱 열심히 일하고 매 순간 최선을 다했습니다. 하지만 층간소음 문제는 그리 간단하지 않았고, 제 개인 사정도 점점 어려워졌습니다.

지방의 한 농가에서 태어난 저는 그야말로 흙수저였습니다. 어렵게 대학을 졸업하고 강의료와 장학금으로 대학원을 다녔습니다. 석·박사 시절에는 4년 넘게 좁은 고시원에서 생활하며 겨우 학위를 취득했는데 취업 길까지 막히니 막막했습니다. 제가 전공한 분야에서 기피 대상이 되고 아웃사이더가 되었다는 생각이 들자 홀로 절벽에 서 있는 기분이 들었습니다. 그때부터 시민운동본부 사무실에 나가지 않고 민원인의 전화도 받지 않았습니다. 우울하고 절망적인 나날의 연속이었습니다.

그러던 어느 날 한 남자가 찾아왔습니다.

"잘 지내셨어요?"

A씨였습니다. 제 도움을 받아 층간소음 피해를 해결한 적이 있는 A씨는 당시 아파트 동 대표로 활동하고 있었습니다. 층간소음이 발생하면 가장 먼저 발 벗고 나서 중재해 '층간소음 홍보 대사'라는 별명까지 얻은 분이었습니다. A씨는 다리가 불편했는데, 저하고 연락이 닿지 않자 서울에서 지하철과 버스를 갈아타고 수원까지 찾아왔던

것입니다. 그런 사정을 알고 있었지만 저는 반갑게 맞이할 수 없었습니다.

"점심이나 함께 먹자고요."

A씨는 저를 근처의 뼈다귀해장국집으로 데려갔습니다. 30분 정도 식사를 하는 동안 저는 한마디도 하지 않았습니다. A씨도 날씨 이야기만 간단히 하고는 제 눈치를 보며 입을 다물고 있었습니다. 저는 식사를 마친 후 밖으로 나와 인사를 건넸습니다.

"조심해서 올라가세요."

뒤돌아서 가려는데 A씨가 저를 불렀습니다. 그러곤 제 두 손을 꼭 잡으며 말했습니다.

"차 박사님 덕분에 어머니와 제가 사람 사는 것처럼 살아요. 이런 어려운 일을 누가 할 수 있겠어요? 박사님은 정말 사람 살리는 일을 하고 계시는 겁니다. 너무너무 감사합니다. 오래오래 뵈었으면 좋겠습니다."

A씨의 말은 제게 많은 생각을 던져주었습니다. 결국 저는 시민운동본부로 돌아왔고, 대표라는 직함을 달게 되었습니다. 그때부터 본격적으로 층간소음 피해자를 위해 일하기 시작했습니다. 층간소음 피해자의 특징을 분석해 정리하고 가장 효과적인 접근 방법을 연구했습니다. 층간소음 피해의 심각성을 언론과 정부, 시민에게 적극적으로 알리는 데도 많은 노력을 기울였습니다. 이런 덕분에 2012년 환경부와 경기도의 지원을 받아 층간소음 예방법에 대한 가이드라인을 마련

했고, 환경부 장관 표창까지 받았습니다. 그 가이드라인은 현재 서울시를 비롯한 각 지자체와 전국의 아파트에서 사용하고 있습니다. 얼마 후에는 공동주택관리법 제20조를 신설·개정하는 데에도 일조했습니다.

층간소음 상담, 고난과 눈물의 교차점을 지나서

2001년 층간소음 상담을 시작할 당시는 피해자들의 해결 욕구가 지금보다 갑절은 더했습니다. 지금은 언론이나 피해자 커뮤니티, 청와대 국민청원게시판, 정부 기관, 관련 전문가들을 통해 '층간소음의 완전 해결이란 없다'는 사실을 많은 사람이 알고 있지만 그때는 달랐습니다. 윗집이나 관리사무소의 노력 여하에 따라 층간소음을 완전히 해결할 수 있다고 믿는 사람이 많았습니다. 또한 '층간소음'이라는 단어 자체가 정부 문서 어디에도 등장하지 않을 만큼 관심을 끌지 못하던 때였습니다.

당연히 층간소음 피해자를 위한 실태 조사나 상담을 위한 체계적 교육, 접근 방법, 사후 관리, 관련 법규 등도 전혀 존재하지 않았습니다. 전문가 또한 전무하다시피 했습니다. 전화 및 현장 상담 몇 번을 한 경험밖에 없는 제가 '국내 유일의 층간소음 전문가'로 각종 언론에 소개될 정도였습니다.

층간소음 피해자와 초짜 상담가가 현장에서 서로 부딪혀가며 하나둘씩 해결책을 모색하던 초창기에 저를 가장 괴롭힌 것은 돈과 수면 부족이었습니다.

정부나 지자체의 지원도 없고 민원인에게 상담비를 요구하는 것도 민망한 시기라 오직 저를 비롯한 시민운동본부 회원들의 회비와 기부금으로 운영하다 보니 늘 돈에 쪼달렸습니다. 게다가 대부분의 민원인이 가장 피해가 심한 밤과 새벽에 '증인' 겸 '상담가'로 호출을 하는 까닭에 늘 잠이 부족했습니다. 지금도 고구마를 까먹으며 윗집에서 들려오는 소리에 귀를 기울이던 할머니가 "이놈들, 오늘은 박사님 온다는 소식을 들었는지 조용하네. 귀신이 따로 없어. 쩝한 놈들!" 하며 혀를 차던 모습이 생생합니다.

층간소음 상담을 하자고 불러놓고는 8시간 넘게 일제강점기 때부터 당신이 살아온 이야기를 늘어놓던 할아버지, 상담을 마치고 돌아오는 길에 "줄 건 이거밖에 없다"면서 양파와 오이를 장바구니에 가득 담아주던 아주머니, 구깃구깃한 5000원을 쥐어주며 택시라도 타고 가라던 아저씨, 이야기를 들어줘서 고맙다며 울먹이던 수많은 민원인 한 분 한 분의 얼굴이 지금도 잊히지 않습니다.

층간소음 문제를 다룬 최초의 대중 교양서

제가 층간소음 상담가로 활동한 지도 어언 20년이 흘렀습니다. 잠시 공백 기간이 있었지만 층간소음 외길 인생을 걸으며 4000명 넘는 피해자를 직접 상담·중재하고 3만여 건 넘는 상담 데이터를 축적하며 층간소음의 각종 원인과 유형별 대처법을 이론화하고 매뉴얼로 만들었습니다. 1만 2000명 넘는 층간소음 교육생과 관련자를 배출해 사회 곳곳에서 활동할 수 있게 한 것도 크나큰 행운이라고 생각합니다.

그동안 저는 각종 매스컴을 통해 층간소음 문제를 알리고자 나름 노력했습니다. 그 일환으로 2015년에는《층간소음 예방 문화 프로젝트》란 책을 발간하기도 했습니다. 층간소음 현장에 있는 상담 전문가나 관리소장을 대상으로 한 지침서에 가까운 책입니다. 그러던 차에 이 책을 기획한 분하고 민원인과 상담사로서 만나게 되었습니다. 이 우연한 만남이 이 책《당신은 아파트에 살면 안 된다》의 출발점이 되었습니다. 우리는 층간소음으로 고통받는 피해자에게 실질적인 도움을 주고, 이웃을 폭행·살인까지 하는 층간소음의 무서움을 널리 알려야 한다는 데 뜻을 모았습니다. 그리고 층간소음이 단순한 이웃 간 분쟁이 아니라 시공사와 지자체, 정부까지 얽히고설킨 사회 문제라는 걸 인식해야 한다는 데 동의했습니다. '층간소음 문제를 다룬 국내 최초의 대중 교양서'라는 이 책의 콘셉트는 이렇게 기획되었습니다.

층간소음과 관련해 누구도 밟지 않은 길이었기에 쉽지 않았습니다. 특히 구성과 서술 방식을 직조하는 데 어려움이 많았습니다. 20년 넘게 많은 상담 데이터를 축적했지만 연구서나 논문이 아닌 까닭에 층간소음 피해자뿐만 아니라 층간소음에 관심 있는 일반인도 관심을 갖게 하려면 여러 가지 수정 작업을 거쳐야 했습니다. 이 과정을 통해 쉽고 재미있되 공감과 문제의식이 드러나고, 사회를 변화시킬 수 있는 목소리가 잘 전달되도록 노력했습니다.

그래서 애초에 한 명의 보조 작가와 함께 시작한 작업은 대여섯 명을 거쳐야 했고 6개월로 예상했던 집필 기간은 코로나19 정국을 거치면서 3년 6개월을 훌쩍 넘겼습니다. 이 시간 동안 수만 건의 상담 자료와 데이터를 살펴보며 회한에 잠기기도 했고, 어떻게 하면 좀 더 현장감있게 층간소음 문제를 전달할지 끊임없이 토론하며 의견을 주고받았습니다. 이 책은 이런 고민과 층간소음 전문가로 살아온 제 경험이 압축된 것입니다.

화성에서 온 윗집, 금성에서 온 아랫집

이 책은 크게 5부로 나뉩니다.

1부와 2부는 제가 경험한 사례 중 소음원과 피해 유형을 스토리 형식으로 쉽고 재미있게 꾸며봤습니다. 각각의 이야기 앞부분과 뒷부분에 해설과 솔루션을 적어놓았으니 비슷한 유형으로 고통받고 있는 분들께 좋은 참고가 될 것으로 생각합니다.

3부는 윗집과 아랫집을 화성인과 금성인으로 지칭해 이야기를 풀어갔습니다. 층간소음은 피해 유형과 상황이 거의 비슷하기 때문에 피해자께서 많은 공감을 하시리라 여겨집니다. 층간소음이 발생했을 때 항의하는 방법과 요령, 메모 전하는 방법 등등 실질적인 이야기를 담았으니 실생활에 많은 도움이 될 것입니다.

4부와 5부는 층간소음 피해자들이 가장 궁금해하는 것들을 위주로 내용을 꾸려봤습니다. 가령 '주상 복합은 층간소음이 없을까?' '층간 소음이 없다는 아파트, 정말 믿어도 될까?' '층간소음을 알고 계약 진행한 부동산도 법적 책임이 있을까?' '해외에서는 층간소음 처벌을 어떻게 할까?' '층간소음을 법적으로 처벌할 수 있을까?' '분양 시 층간 소음이 적은 아파트 찾는 방법' 등에 대해 답을 해줍니다. 또한 층간 소음 관련자인 관리소장, 관리소 직원, 아파트 입주자대표회의, 층간 소음관리위원회, 층간소음 상담 전문 기관, 시공사, 지자체, 정부에 당부하고 싶은 사항을 적어봤습니다.

마지막으로 책 곳곳에 있는 [층간소음 탐구 생활]을 통해 '층간소음 피해자에게 상처가 되는 말'이나 '층간소음 매트의 효과와 올바른 설치 방법' '층간소음 예방 안내 방송문' 등의 팁을 제시했으니 잘 활용해주셨으면 좋겠습니다.

당신은 아파트에 살면 안 된다

"저런 사람은 아파트에 살면 안 됩니다."

층간소음 민원인이 가장 많이 하는 말 중 하나입니다. 윗집은 아랫집에 아랫집은 윗집에 서로가 서로에게 똑같은 말을 합니다.

"당신같이 매너 없는 사람은 공동 주택에서 살면 안 돼."

"당신만 사라지면 다른 사람하고 사이좋게 지낼 수 있어."

하지만 아파트를 비롯한 공동 주택 비율이 80퍼센트 넘는 대한민국에서 층간소음을 피해 살기란 어려운 일입니다. 어쩔 수 없이 더불어 살 수밖에 없는 구조입니다. 더구나 아파트는 땅이나 주식과 함께 부를 축적하는 수단으로 사용되는 것이 현실이기 때문에 좀처럼 벗어나기도 어렵습니다.

이 책의 제목 '당신은 아파트에 살면 안 된다'는 그래서 역설적입니다.

"당신이 아파트에 살지 않으면 좋겠지만 그건 현실적으로 불가능해. 그러니 우리 모두 함께 사는 방법을 찾아보자고."

이런 제안이 담겨 있기 때문입니다.

층간소음을 한 번이라도 겪어본 적 있는 사람은 아파트, 빌라, 다세대 주택, 오피스텔 등 공동 주택에 사는 한 층간소음 문제에서 벗어나는 게 어렵다는 것을 명심해야 합니다. 층간소음 문제는 누군가를 비난하거나 이사를 가서 해결할 수 있는 것이 아닙니다. 현재 처한 상황에서 해결의 실마리를 찾아야 합니다.

해결의 실마리는 의외로 단순합니다. 윗집과 아랫집, 관리사무소가 서로 마음의 문을 열고 대화를 시작하는 것입니다. 이때 대화의 중심은 아랫집이 되도록 하고 윗집과 관리사무소는 관심을 갖고 귀를 기울여주는 것이 좋습니다(3부 '층간소음 해결의 키는 금성인이 쥐고 있다'와 '화성인과 금성인이 평화롭게 지내는 방법' 참조).

지난 3년 6개월 동안 혼신을 다해 이 책을 읽는 독자들에게 다가가려 애썼습니다. 이 책이 한국의 층간소음 문제에 변화와 혁신을 일으킬 작은 씨앗이 되었으면 좋겠습니다.

 그동안 저에게 상담을 받은 수많은 민원인과 이 책이 나오기까지 애써주신 모든 분께 깊은 감사의 말씀을 전합니다. 제겐 목숨보다 귀한 아들 성일, 딸 성혜 그리고 언제나 묵묵히 제 곁을 지켜주는 아내 현주에게도 감사의 말을 전합니다.

2021년 여름

차상곤

CONTENTS

01 PART
아파트 공화국에서 벌어지는 천태만상 세상사

02 PART

아파트에서 살고 싶지만 층간소음은 싫어요

03 PART

화성에서 온 윗집, 금성에서 온 아랫집

04 PART

윗집 바닥은 아랫집 천장

05 PART

더불어 사는 세상을 위한 제안

PART 01

아파트 공화국에서
벌어지는
천태만상 세상사

새벽마다 쿵쿵쿵, 대체 무슨 소리죠?

자신의 집에서 어떤 소음이 발생하는지, 그 소음으로 인해 아랫집과 이웃들에게 얼마나 큰 피해를 주는지 모르는 경우가 있습니다. 일부러 소음을 유발하는 게 아니라 오랫동안 길들여진 생활 습관 때문입니다. 습관은 제2의 천성이라고 할 만큼 고치기 어려운 것입니다. 생활 습관과 패턴을 유추해 소음원을 찾은 사례를 소개합니다.

"새벽 5시 30분만 되면 윗집에서 쿵쿵대는 소리 때문에 잠에서 깨요. 그 소리가 30분 넘게 들리는데, 벌써 2년째예요. 그 소리가 들릴 때마다 머리가 터질 지경입니다."

복도식 아파트에서 10년 가까이 평온하게 살아온 장기식(가명) 씨의 호소였습니다. 2년 전 윗집이 새로 이사 오고 나서부터 그 소리가 들려왔다고 했습니다. 소음의 원인을 몰라 관리사무소에 몇 번 민원을 넣고 새벽에 그 윗집 앞문에 귀를 대고 열심히 들어봤지만 새벽마다 무슨 공사를 하는지 그 소리는 계속되었습니다.

피해를 호소하는 이웃은 장기식 씨만이 아니었습니다. 장기식 씨의 아랫집도 그 소음 때문에 공부에 전념해야 하는 수험생이 이유 모를 두통과 수면 부족에 시달리고 있었습니다. 장기식 씨의 옆집도 80대 할머니가 그 소음에 시달리며 매일 약을 먹고 있었습니다. 참다못한 이웃들이 새벽마다 발생하는 소음을 멈춰달라고 항의했지만 윗집 할머니에게 오히려 심한 욕을 들은 뒤로는 더 이상 직접적으로 얘기할 수도 없었습니다.

"윗집엔 어떤 분들이 사세요?"

"두 분 다 일흔이 넘으셨고 시골에서 살다 2년 전 이곳으로 이사 오셨어요. 아파트 생활은 처음이라고 하시더군요. 초창기에는 분리수거를 못하셔서 제가 도와드리기도 했어요. 할아버지는 경비 일을 하시고요. 새벽 일찍 출근하시더라고요. 부지런하고 착한 분이시긴 한데…… 그분들 때문에 이웃들이 많이 힘듭니다. 무슨 방법이 없을까요, 소장님?"

장기식 씨를 비롯한 이웃들과 상담을 해가며 머릿속으로 하나하나 정리를 해보기 시작했습니다.

'시골에서 이사 와 처음으로 아파트 생활을 하는 70대 부부. 할아버지는 항상 새벽 일찍 출근한다. 소음은 새벽 5시 30분에서 6시 사

이에 들린다. 쿵쿵쿵, 하는 규칙적인 소리……'

그때 제 머릿속에 번뜩 떠오른 생각이 하나 있었습니다.

며칠 후, 새벽 4시에 현장으로 향했습니다. 미리 연락한 이웃들과 함께 장기식 씨 집에 모였습니다. 그들이 지난 2년 동안 겪은 층간소음 피해를 하소연하는 사이, 이윽고 윗집에서 쿵쿵거리는 소음이 들리기 시작했습니다. 저는 재빨리 윗집으로 올라가 초인종을 눌렀습니다.

어안이 벙벙한 채로 나온 할머니에게 상황을 설명하고 양해를 구한 다음 안으로 들어갔습니다. 윗집 거실 중앙에는 제가 예상했던 대로 소음원이 떡하니 놓여 있었습니다. 그 소음원은 바로 시골에서 콩과 마늘을 빻을 때 사용하는 쇠절구통과 쇠망치였습니다.

윗집 할아버지는 결혼하고 하루도 빠짐없이 아침마다 찌개를 드셨는데, 반드시 마늘을 쇠절구통에 빻아 신선하게 먹는 것이 습관이었습니다. 할머니는 할아버지의 식성을 맞추기 위해 시골 단독 주택에서 하던 것처럼 아파트에 이사 온 후에도 마늘을 쇠절구통에 빻아서 음식을 했던 것입니다. 저는 노인 부부에게 아랫집 사람들의 수면 부족과 심각한 두통 증세를 상세히 설명했습니다. 그리고 쇠절구통이 그 원인이라고 말씀드린 다음, 준비해간 작은 플라스틱 절구통을 선물로 드렸습니다.

"어르신, 내일부턴 이걸 사용해보세요. 아주 좋고 튼튼한 놈으로 제

가 직접 골라온 겁니다."

할머니가 싫은 내색을 하자 할아버지가 달랬습니다.

"그러자고. 나도 아파트에서 경비 일을 하는데 요즘 층간소음 민원 때문에 머리가 아파. 서로 윗집 아랫집 때문에 못살겠다 난리야, 난리. 내일부터 당장 바꿉시다."

일주일 후 장기식 씨에게서 전화가 왔습니다.

"요즘은 어떠세요?"

"하하하. 절구통을 교체한 후 소리가 완전히 사라진 건 아니에요. 그래도 그 전 소리에 비하면 양반이에요. 이웃들이 모두 소장님께 감사하고 있습니다."

여러 가지 정황을 유추해 소음원을 찾고, 그 소음원을 교체해 이웃 간의 갈등을 해소한 사례였습니다. 사실 절구통 소음을 호소하는 분이 의외로 많습니다. 특히 김장철에는 민원이 폭주합니다. 절구통 사용으로 발생하는 충격음은 아이들이 뛸 때 발생하는 저주파의 파장과 동일합니다. 그 전파 범위가 넓고 충격력이 강해 소음 피해를 당하는 사람은 두통과 심장 두근거림 같은 증세를 느낄 수 있습니다.

믹서기가 아니라 절구통을 꼭 사용해야 한다면 매트나 방석 등을 깔아 충격음을 최대한 흡수하는 게 좋습니다. 식탁 의자에 앉거나 양반다리로 바닥에 앉아 절구통을 허벅지에 올려놓고 사용해도 소음을 줄일 수 있습니다. 또 아침보다는 낮 시간대를 이용하고, 쇠보다는 플라스틱 제품을 사용하는 것이 좋습니다. 누군가에게는 음식을 만드는 요리 도구가 누군가에게는 고통과 스트레스의 원인이 될 수 있다는 점을 명심했으면 좋겠습니다.

02

귀 트임과 칵테일파티 효과

"귀 트임 때문에 괴로워요."

"소음충들이 오늘도 쉬지 않고 뛰네요. 맘충들은 말릴 생각도 안 하네요."

층간소음 관련 커뮤니티에서 흔히 볼 수 있는 글들입니다. '귀 트임'은 본래 외국어를 배우는 사람들이 리스닝을 위해서 반복적으로 문장을 듣다 보면 귀에 익숙해지는 것을 뜻합니다. 근데 층간소음으로 넘어오면 그 의미가 전혀 달라집니다. 짧게는 몇 주에서 길게는 몇 개월 동안 반복적으로 층간소음에 노출되면 어느 순간 작은 소리도 들리게 되는 예민한 청각 상태를 말합니다. 층간소음으로 고통받는 사람들은 이런 귀 트임의 굴레를 평생 짊어지고 살아갑니다.

강동구(가명) 씨 가족은 이사를 결심했습니다. 층간소음으로 윗집과 2년 넘게 다투고 있었는데, 급기야는 서로의 자식들끼리 주먹다짐을 해 경찰서까지 간 것입니다. 층간소음 때문에 살인 사건까지 일어나던 때라 이러다간 큰일 날 것 같아 쫓겨나다시피 짐을 꾸렸습니다. 피해자인 자신이 이사 가는 게 분하고 억울했지만 가족이 피해를 입지 않도록 조용하고 안전한 곳에서 살아야 한다는 생각이 앞섰습니다.

"내가 봐둔 집이 있어. 마당에 감나무와 모과나무도 있고 좋아. 작은 텃밭도 있어."

강동구 씨는 자신이 살던 아파트를 전세 주고 단독 주택으로 이사했습니다. 몸과 마음이 지칠 대로 지친 가족들은 시간이 지나자 층간소음의 굴레에서 조금씩 벗어날 수 있었습니다. 그렇게 5년, 10년이 흘렀습니다.

어느 날, 자신의 아파트에서 10년을 살던 세입자에게서 연락이 왔습니다.

"이번에 아파트를 경매해 낙찰받았어요. 곧 이사를 가야 할 것 같아요."

강동구 씨가 10년 동안 전세를 주었던 아파트는 그사이 값이 2배로 불어났고, 지금도 가격이 계속 오르고 있었습니다. 몇 년만 지나면 집값이 3배가 된다는 부동산 중개업자의 말도 있었습니다. 무엇보다 다행인 것은 자신들을 괴롭혔던 윗집이 2년 전에 이사를 갔다는 것입니다. 강동구 씨는 가족들에게 다시 집으로 돌아가자고 했습니다.

"윗집에서 또 우리를 괴롭히지는 않겠죠?"

"나도 걱정이 돼서 세입자한테 알아봤어. 윗집에 중학교 선생님 부부가 산대. 아주 교양 있고 조용한 분들이래. 윗집에서 소리가 나는지도 모른 채 조용하게 잘살고 있대."

강동구 씨와 가족들은 이사를 갔습니다. 그런데 이사한 다음 날부터 예전의 악몽이 되살아나기 시작했습니다. 오래전 가족들을 괴롭혔던 쿵쿵쿵, 하는 발걸음 소리부터 의자 끄는 소리, 문 여닫는 소리가 들려왔습니다. 심지어 예전보다 더 크게 들렸습니다.

강동구 씨와 가족들은 다시 고통 속에서 하루하루를 보내야 했습니다. 완치되었다고 생각했던 우울증이 재발하고 없던 불면증도 생겼습니다. 결국 강동구 씨는 집으로 돌아온 지 석 달도 되지 않아 다시 단독 주택으로 이사를 갔습니다.

층간소음을 겪는 사람들의 상처와 고통은 쉽사리 치유되지 않습니다. 좀 극단적으로 말하면 평생을 함께합니다. 공동주택생활소음관리협회의 통계(2013~2020년)에 의하면 층간소음 피해를 겪은 사람의 반복 민원 신청률이 평균 80퍼센트 이상입니다. 주거문화개선연구소의 통계(2001~2020년)도 이와 비슷합니다. 이 조사에 의하면 거주지를 이동하거나 윗집·아랫집 사람이 바뀌거나 또 다른 상황 변화에 관계없이 층간소음 피해를 겪은 사람은 한결같이 고통을 호소합니다. 이런 반복적 민원율은 75퍼센트가 넘습니다.

실제로 상담을 하다 보면 조용한 아파트라고 소문나서 이사 왔는데 예전 집보다 더 시끄럽다는 민원이 많습니다. "새 아파트라서 괜찮을 줄 알았다" "유럽형 고급 빌라로 설계해 괜찮을 줄 알았다" "최고급 주상 복합이어서 층간소음이 안 난다는 광고를 보고 괜찮을 줄 알았다" 등의 이유로 선택한 집이 층간소음 지옥이 되는 경우도 많습니다. 한 채의 가격이 78억 원이나 되는 한남더힐에서도 층간소음 민원 때문에 이웃끼리 분쟁이 붙어 뉴스에까지 보도되는 게 바로 지금 대한민국의 현실임을 잊어서는 안 됩니다.

이러한 현상은 칵테일파티 효과와 귀 트임 때문입니다.

먼저 칵테일파티 효과란 칵테일파티처럼 여러 사람이 모여 이야기를 나누는 시끄러운 상황에서도 자신의 이름이나 평소 관심 있는 이야기는 잘 들리는 현상을 말합니다. 이는 시끄러운 지하철 소음 속에서도 자신이 내려야 할 정거장 안내 방송은 잘 들리는 것과 비슷합니다. 층간소음 피해자들은 처음 소음 때문에 고통을 받으면 애써 무시하려고 TV를 보거나 이어폰을 끼고 음악을 듣습니다. 하지만 소리와 진동은 멈추지 않고, 어느새 조그만 발소리에도 귀를 쫑긋 세우게 됩니다. 귀 트임이 시작되는 것입니다. 이렇게 귀가 트이면 소리 나는 곳이 윗집의 안방인지 거실인지 알 수 있고, 아이가 뛰는 건지 성인이 걷는 건지 대략 알게 됩니다. 윗집 남자가 몇 시에 일어나 회사에 출근하는지, 아이들이 언제 하교하고 몇 시에 잠자리에 드는지 생활 패

턴과 동선도 알게 됩니다. 윗집의 대화 소리는 물론이거니와 엘리베이터 앞에서 사람들이 나누는 이야기까지 들린다고 말하는 분도 계십니다.

층간소음 피해자들은 누구나 귀 트임으로 고생합니다. 정도의 차이만 있을 뿐 귀 트임은 사람을 예민하고 신경질적으로 만듭니다. 소화 불량과 두통에 시달리기도 하고 정신 쇠약에 걸릴 수도 있습니다. 한여름에 모기가 귀 옆으로 날아간 이후 모기 소리에 민감해지는 것을 경험해보셨을 겁니다. 층간소음 피해자들은 그 경험의 몇십 배 아니 몇백 배에 달하는 고통을 겪으며 살아가고 있습니다.

이런 현상 때문에 층간소음 피해자들은 미소포니아(misophonia)로 발전하기도 합니다. 미소포니아는 혐오감(miso)과 소리(phonia)의 합성어로, 특정한 소리에 지나칠 정도로 민감하게 반응하는 증상을 말합니다. 대체로 시끄러운 소음이 아니라 일반적인 소리에 반응합니다. 가령 키보드 자판을 타이핑하는 소리, 밥 먹을 때 쩝쩝대는 소리, 껌 씹는 소리, 째깍거리는 시계 소리, 휘파람 소리 등에 반응하는 겁니다. 이런 소리가 일시적으로 들릴 때보다 지속적으로 반복될 때 더 큰 고통을 느끼고 급기야는 그 소리에 대한 분노, 공포, 혐오, 돌발 행동으로 이어질 수도 있습니다.

"당신이 예민해서 그래."

"이 정도 소리는 참고 살아야지."

"그렇게 시끄러우면 귀마개를 하고 살아."

층간소음 피해자에게 이런 말은 커다란 상처가 될 수 있습니다. 맞습니다. 층간소음 피해자는 민감한 사람입니다. 더 정확하게 말하면, 소리나 소음에 노출되어 민감해진 사람입니다. 층간소음으로 인해 귀 트임이 되어버린 사람입니다. 한 번 귀가 트이면 평생을 갑니다. 힘들고 괴롭습니다. 불쾌하고 짜증납니다. 그분들은 미쳤거나 정신병자가 아닙니다. 불쌍하고 가엾은 피해자입니다. 이 피해자들의 목소리를 잘 들어야 층간소음 문제를 해결할 수 있습니다. 이분들의 이야기에 층간소음을 해결할 열쇠가 담겨 있기 때문입니다.

03

층간소음 때문에 아기를 유산했어요

층간소음을 겪고 있는 가정은 부부싸움이 잦습니다. 평소에는 다정하고 화목할지라도 층간소음 문제만 나오면 의견이 갈라지고 목소리가 커집니다. 특히나 영원한 내 편일 것 같은 배우자가 윗집이나 아랫집 편을 들면 오만 정이 다 떨어지기 마련입니다. 급기야는 층간소음 문제로 다투다 이혼까지 하는 부부도 생겨납니다.

김혜영(가명) 씨와 조인수(가명) 씨는 사내 커플이었습니다. 동료들의 축복을 받으며 결혼에 골인한 두 사람은 행복한 신혼을 보냈습니다. 곧이어 큰 행운도 찾아왔습니다. 김혜영 씨가 임신한 것입니다. 아내의 입덧이 심해지던 어느 날 남편이 말했습니다.

"오늘부터 당신은 집에서 쉬어. 먹고 싶은 거 있으면 마음껏 먹고."

남편의 배려로 태교에 전념하려던 김혜영 씨의 계획은 윗집에서 들려오는 각종 소음으로 인해 산산조각이 났습니다. 평소 윗집에서 소음이 간간이 들려왔지만 출퇴근하느라 바빠 크게 신경 쓰지 않았습니다. 하지만 온종일 집에 있다 보니 윗집 아이들이 언제 학교에 가고 돌아오는지, 언제 밥을 먹고 자는지 알 수 있을 정도로 소음이 민감하게 들렸습니다. 특히 간헐적으로 '쿵'하는 소리를 들을 때마다 김혜영 씨의 가슴도 '쿵'하고 내려앉았습니다. 마치 아이들이 소파에서 바닥으로 뛰어내리는 소리 같았습니다. 아니면 아령 같은 무거운 물건이 떨어지는 소리 같기도 했습니다.

며칠을 참다못한 김혜영 씨는 윗집에 올라가 좀 조용히 해줄 것을 부탁했습니다. 윗집도 처음에는 미안해하며 조심하겠다고 했지만 그때뿐이었습니다. 며칠은 조용하다가 다시 어느 순간 소음이 크게 들렸습니다. 김혜영 씨는 참을 만큼 참다 다시 인터폰을 들었고, 윗집은 사과하며 조심하겠다고 했습니다. 그런데 어느 날부턴가는 김혜영 씨의 인터폰도 받지 않고 초인종을 눌러도 응답이 없었습니다. 그러는 동안에도 소음은 계속되었습니다.

"윗집 사람들이 무례한 것 같아."

김혜영 씨는 남편에게 그동안의 일을 이야기했습니다.

"알았어. 내가 한 번 이야기해볼게."

아내의 이야기를 들은 조인수 씨는 곧장 윗집으로 올라갔습니다.

"저희도 소음을 내지 않으려고 최대한 노력하고 있어요. 매트도 깔고 실내화도 신게 하고, 뛸 때마다 아이들을 야단칩니다. 새댁이 임신했다고 해서 더욱 조심하고 있어요. 저도 임신해봐서 이 시기가 얼마나 중요한지 알고 있어요. 저희가 뭘 어떻게 더 조심해야 할까요?"

윗집 아줌마의 이야기를 듣고 내려온 조인수 씨가 아내에게 말했습니다.

"윗집도 나름 노력하고 있더구만. 당신도 적당히 좀 참고 살아."

남편의 말에 김혜영 씨는 섭섭하고 화가 났습니다. 김혜영 씨가 남편에게 원했던 것은 윗집과의 외로운 투쟁을 함께해줄 든든한 우군이었습니다. 그래서 도움을 청했던 것입니다. 하지만 남편은 윗집의 입장을 대변하고 아내에게는 참고 살라고 말했습니다. 김혜영 씨는 남편과 윗집이 죽도록 미웠습니다. 결국 김혜영 씨는 스트레스를 견디다 못해 유산을 하고 말았습니다.

김혜영 씨 같은 초기 임산부가 층간소음으로 피해를 보고 있다면 하루빨리 그 집에서 벗어날 것을 권합니다. 임신 초기인 1~3개월은 태아의 키가 약 4~6센티미터이고 몸무게는 약 10~20그램 정도 됩니다. 아이의 뇌세포와 근육 조직이 완성되는 때인데, 임산부에게는 입덧이 심하고 유산이 많은 시기입니다. 또한 극도로 예민해져서 조금의 스트레스에도 임산부와 태아 모두에게 좋지 않은 영향을 미칠 수 있습니다.

초기 임산부에게 층간소음은 온갖 스트레스가 농축된 종합 선물

세트와 같습니다. 저는 김혜영 씨 같은 분이 상담을 요청하면 마음이 편안해지는 친정이나 친한 친구 집으로 옮기라고 권합니다. 그곳에서 8개월 이상 될 때까지 지내는 게 좋습니다. 8개월이 지나면 태아도 어느 정도 자리를 잡고, 곧 있으면 태어날 아기 생각에 한결 마음이 편안해집니다. 그때쯤이면 임산부도 자신의 아기 역시 걷고 뛰는 과정을 거쳐 성장한다는 사실을 알기 때문에 윗집에서 아이들이 일으키는 층간소음에 조금은 이해하는 마음이 들기도 합니다.

그리고 조인수 씨처럼 행동하거나 말하는 남편이 있다면 당부드립니다. 층간소음으로 고통받고 있는 아내에게 이런 말은 삼가 주세요.

"이 정도는 참고 살아야지. 공동 주택이잖아."

"당신이 너무 민감해서 그래."

"다들 참고 사는데 당신만 유별나게 왜 그래?"

이런 말은 안 그래도 힘든 아내의 가슴에 대못을 박는 것입니다.

대신 이렇게 말해보는 것은 어떨까 싶습니다.

"걱정 마. 내가 정부에서 운영하는 상담센터에 연락했고, 전문가하고 상담도 하고 있어. 조만간 해결 방법을 알아낼 거야."

"당신, 그동안 층간소음 때문에 많이 힘들었지? 힘든 게 있으면 나한테 먼저 이야기해. 우리 같이 해결책을 찾아보자."

"아무래도 당신이 혼자 윗집에 올라가는 건 아닌 것 같아. 윗집 사람들 말이야, 당신같이 착하고 선한 사람이 상대하면 안 될 것 같아. 아주 못되고 무례한 사람들이야."

층간소음 피해자들에게 상처가 되는 말
가족 편

층간소음 피해자들은 가족이 무심코 내뱉는 말 한마디 때문에 2차 피해를 입기도 합니다. 그래서 층간소음 자체보다 가족들의 말이 더 힘들다고 얘기하는 분도 많습니다. 특히 남편의 말 때문에 상처받고 고통받는 아내가 많으니 각별한 주의가 필요합니다.

"당신이 너무 예민한 거야."
"이 정도 소리는 참고 살아야지."
"관리소에 자꾸 밉보이지 마."
"다들 참고 사는데 당신만 유별나게 왜 그래?"
"마음을 좀 차분히 가져. 성격이 왜 그러냐?"
"너 때문에 동네 창피해서 못살겠다."
"집안일에 집중하지 않아서 그 소리들이 다 들리는 거야."
"신경 쓰지 마. 일부러 그러는 것도 아닌데."
"자꾸 막대기로 천장 치지 마. 집 무너져."
"상담 좀 받아야겠어. 당신 제정신이 아닌 것 같아."
"너 때문에 윗집 아줌마가 힘들어하잖아."

층간소음 피해자들에게 상처가 되는 말

이웃 편

"아가씨는 애가 없어서 그래요. 애 낳고 키워봐요."

"그렇게 시끄러우면 귀마개를 하고 사세요."

"이보다 더 어떻게 조용히 걸어? 공중 부양이라도 해야 하남?"

"자꾸 초인종 누르면 경찰에 신고할 거예요."

"내 집에서 내가 뭘 하든 당신이 무슨 상관이야!"

"당신 같은 사람은 아파트에 살면 안 돼."

"내 집에서 내 맘대로 못해요!"

"그렇게 시끄러우면 당신이 이사 가면 될 거 아니야."

"우리도 참을 만큼 참았어. 다시 신고하면 가만 안 둘 거야."

"맘충들은 부끄러운 걸 모른다니까. 애들 교육 참 잘 시켰네."

"이 뻔뻔하고 악마 같은 소음충들아! 죽어버려라!"

04

윗집 남자가 자꾸 밥을 훔쳐가요

"저녁을 먹으려고 밥통을 열었는데 밥이 없는 거예유. 분명 아침에 밥을 먹고 남겨두었거든유. 처음에는 제가 깜빡한 줄 알았씨유. 근데 밥이 계속 없어지는 거예유. 이번 달만 벌써 여덟 번째네유."

강숙자(가명) 할머니의 목소리는 작게 떨렸습니다. 저는 할머니의 말을 더 잘 듣기 위해 바짝 다가가 귀를 기울였습니다.

"누군가가 우리 집 밥통에서 밥을 훔쳐가는 게 분명했씨유. 범인은…… 윗집 남자가 확실하구만유. 근데 심증은 있는데 물증이 없었씨유. 그래서 한 가지 꾀를 냈어유."

윗집 남자가 자신을 감시하고 있다고 믿는 할머니는 아침부터 음악을 크게 틀어놓고 청소를 했습니다. 청소를 끝내고는 큰 소리로 전화하며 수다를 떨었습니다. 윗집 남자가 들을 수 있도록 최대한 크게 약속 시간과 장소를 잡았습니다. 약속 시간이 다가오자 혼잣말을 중얼거리며 화장을 하고 옷을 입었습니다. 그러곤 현관문을 열고 최대한 큰 소리를 내며 문을 닫았습니다.

'이쯤 되면 내가 외출하는 걸 윗집 남자도 알겠지.'

할머니는 아파트 공동 현관문을 나와 정문 앞으로 걸어갔습니다. 윗집 남자의 시선이 뒤통수에 꽂히는 것을 느끼며 버스를 탔습니다. 잠시 후 그녀가 도착한 곳은 자신의 아파트 맞은편 동이었습니다. 할머니는 복도 계단 창문 틈으로 자신 아파트 거실을 올려다봤습니다. 그렇게 몇 분이 흘렀을까? 할머니의 눈에 믿을 수 없는 광경이 펼쳐졌습니다.

"윗집에서 빨간 줄이 내려오는 거예유. 그 남자였어유. 윗집 남자가 빨간 줄을 타고 우리 집 베란다로 들어가는 거예유. 제 눈으로 그 장면을 똑똑히 봤다니께유."

"그래서 어떻게 하셨나요?"

"증거를 잡으려고 급히 집으로 돌아갔쥬. 근데 윗집 남자는 사라지고 없었씨유. 을매나 재빠르던지. 빨간 줄도 없더라구유. 혹시 몰라 밥통을 열어보니 역시나 밥이 없더라구유. 이런 일이 벌써 몇 번째인지 모르겠씨유. 속상해유. 무섭기도 하구유."

"혹시 그 장면을 찍은 사진이나 동영상은 없나요?"

"없씨유. 제가 넬모레면 여든이라 기계에는 익숙지 않아유. 핸드폰으로 전화만 걸고 받는 정도예유."

"또 다른 이상한 점은 없나요?"

"화장실에서 이상한 소리가 계속 나유. 다른 가족이 들어가면 조용한디, 저만 들어가면 시끄러운 소리가 들려유. 윗집 남자가 절 괴롭히려고 CCTV를 달아놓은 것 같아유. 저만 들어가면 귀신같이 알고 소리를 내보낸다니깐유. CCTV를 찾아보려고 공사하는 사람을 불렀는디 어디다 꽁꽁 숨겨놓았는지 찾덜 못했어유."

할머니의 이야기를 듣고 윗집으로 올라갔습니다. 윗집에는 3개월 된 아기를 키우는 새댁과 남편이 살고 있었습니다. 새댁의 남편은 골프용품 영업 사원으로 지방 출장이 잦다고 했습니다. 전국의 골프장을 돌기 때문에 일주일에 한두 번 정도 집에 들어와 잔다고 했습니다. 새댁은 제 이야기를 듣자마자 울음부터 터트렸습니다. 부동산에서 전세 계약을 할 때 아랫집 할머니 이야기를 들었지만 이 정도일 줄은 몰랐다고 했습니다. 다른 곳보다 싼 시세에 덜컥 계약을 했는데 수시로 걸려오는 민원 전화에 스트레스가 이만저만이 아니라고 했습니다. 알고 보니 할머니는 이미 세 번이나 윗집을 이사 가게 만든 적이 있는 그 동네 유명 인사였습니다.

새댁에게 이런저런 요령과 방법을 알려준 후 할머니 댁으로 내려갔습니다. 할머니가 말한 화장실로 들어가 이곳저곳 살펴보았습니다. 잠시 후, 할머니 앞에 앉아 이야기를 꺼냈습니다.

"할머니, 그동안 이웃들과 층간소음 때문에 많이 힘드셨죠?"

"말도 말아유. 이웃들이 아주 못됐씨유. 쓰레기를 버리러 가면 지들끼리 모여 쑥덕쑥덕거리다가 저를 보면 입을 꾹 다물어유. 제 흉을 보는 거쥬. 우리 집 양반도 아주 못됐씨유. 제 말을 듣지 않아유. 내년에는 꼭 이혼 도장을 찍을 거예유. 저렇게 못된 양반은 혼자 살아봐야 정신 차린다구유. 밥도 저 혼자 해먹어봐야 내 고마운 줄 알 거예유."

할머니의 목소리는 점점 커졌습니다. 보통 층간소음 상담은 30분에서 1시간, 길어야 2시간인데 할머니의 이야기를 듣다 보니 어느새 5시간이 훌쩍 넘었습니다. 할머니는 지금까지 자신이 살아온 이야기를 했습니다. 충청도 시골에서 태어나 갖은 고생을 하다 겨우 마련한 작은 아파트. 30년 전 이 아파트를 구입하고 얼마나 기분이 좋았는지, 어느 순간 들려오기 시작한 윗집의 소음 때문에 얼마나 힘든 시간을 보냈는지, 남편과 자식들과 이웃한테 손가락질을 받으며 마음이 얼마나 피폐해졌는지 등등 할머니의 이야기는 끝도 없이 이어졌습니다. 중간 중간 눈물도 흘렸습니다. 힘들게 살아온 그 이야기를 듣자니 저 또한 눈물이 났습니다. 5시간 넘게 할머니 이야기를 들으며 제가 한 말이라곤 "그러셨군요" "힘드셨겠어요" "저런!" 등등 단편적인 맞장구뿐이었습니다.

"아이쿠, 이렇게라도 다 털어놓으니 속이 다 시원하네유."

"할머니, 잘하셨어요. 이제 제가 알고 있는 방법을 알려드릴게요. 먼저 화장실 소음은 팬이 원인이에요. 불을 켜면 조명과 환풍기가 함께 작동하는 일체형이라 소음이 나는 거예요. 팬을 분리해달라고 관리사무소에 이야기해놓을게요. 그리고 이건 제 명함이에요. 혹시 윗집 남자가 다시 줄을 타고 내려와 밥을 훔쳐 먹는 걸 보면 저한테 연락 주세요. 제가 방법을 알려드릴게요."

"아이쿠, 감사해유. 구청 직원 말로는 소장님이 우리나라 최고의 층간소음 전문가라던디, 그 얘기가 맞는갑네유. 제가 전문가라고 하는 사람을 여럿 만나봤는디, 다들 엉터리예유. 하나도 해결 못해유. 오늘 소장님을 만나보니 달라유. 최고예유."

할머니는 친절하게 상담을 해줘서 고맙다고 했습니다. 엘리베이터 앞까지 나와 연신 고개를 숙였습니다. 그 후 저는 할머니와 전화 상담을 했습니다. 할머니는 여전히 소음이 들리지만 참을 만하다고 했습니다. 밥을 훔쳐 먹는 남자는 다행히 다른 곳으로 이사를 갔다고 했습니다. 그렇게 할머니와의 상담은 1년 6개월 동안 이어졌습니다.

층간소음으로 1년 이상 고통받는 사람은 우울증에 걸리는 경우가 많습니다. 자신에게 무슨 죄가 있어 이런 고통을 받고 있는지 자책하게 되고, 그 고통에서 벗어나지 못한 채 평생을 살 수도 있다는 두려움이 몰려오기도 합니다. 이런 상태가 계속되면 원인을 제공한 사람에 대한 원망과 분노가 끓어오르게 됩니다. 그 원인 제공자가 다른 사람들과 합세해 자신을 비난하고 조롱하는 것을 못 참아 폭행이나 살인으로 대응하는 경우도 발생합니다.

강숙자 할머니는 11년 넘게 층간소음 피해를 입었습니다. 할머니에게 집은 휴식 공간이 아니라 지옥이었습니다. 층간소음으로 고통받고 있는 이들은 퇴근 후 집에 들어가는 게 지옥에 가는 것 같다고 말합니다. 그만큼 힘들고 괴롭습니다. 당해보지 않은 사람은 모르는 게 층간소음의 고통입니다.

"아파트에 살면서 그 정도 소음은 참고 살아야지."

층간소음 피해자가 주위 사람들에게 가장 많이 듣는 말 중 하나입니다. 그건 층간소음 때문에 1년 이상 피해를 본 사람들의 고통을 몰라서 하는 소리입니다. 참고 살아서 없어질 거라면 층간소음이 폭행이나 살인으로 이어지는 사회 문제가 되지 않을 테고 이 책 또한 필요 없을 것입니다. 층간소음 피해자들이 "이제는 좀 참을 만하다"고 말할 수 있는 환경과 관리 시스템을 구축하는 게 이 문제를 푸는 열쇠임을 잊어서는 안 됩니다.

05

저 윗집으로 이사했어요

'층간소음 윗집 복수하려고 윗윗집으로 이사함.'

유튜브 조회수 530만 뷰를 기록한 영상입니다. 영상의 주인공은 층간소음을 일으키는 윗집에 복수하기 위해 스피커로 귀신 소리를 틀고, 진동 안마기를 천장에 설치해보기도 했지만 소용이 없자 큰 결심을 합니다. 바로 그 윗집으로 이사하기로 한 것입니다. 꼬박 2년간 층간소음에 당하기만 했던 주인공은 이사하자마자 똑같은 방식으로 아랫집을 괴롭힙니다. 일부러 발소리를 내고 괴기스러운 소리를 지르며 그야말로 영화 같은 통쾌한 복수극을 펼칩니다. 그 영상을 본 네티즌들은 "공감 백배!" "제 속이 다 시원하네요. 저런 인간들은 당해봐야 알지"라는 등의 댓글을 달았습니다. 일종의 대리 만족인 셈이지요.

영상의 백미는 아랫집에서 올라와 조용히 해달라고 항의할 때, 주인공이 "나 아랫집 살던 그 사람이에요" 하고 커밍아웃하는 부분입니다. 뿌린 대로 거둔다고 하지만, 아랫집 사람은 순간 모골이 송연해졌을 것입니다. 영상만 봐서는 정말 완벽한 복수가 아닐 수 없습니다.

제가 경험한 비슷한 사례를 소개합니다,

"소장님, 저희 집에 한 번 방문해주셔야겠어요."

2년 넘게 층간소음에 시달리고 있는 40대 여성 박미진(가명) 씨의 전화였습니다. 한 달에 한 번 정도 상담을 진행하고 있었는데, 그날은 꼭 집에 와달라고 거듭 당부하기에 걱정스러운 마음으로 해당 아파트를 찾았습니다.

"어서 오세요, 소장님."

예상과 다르게 박미진 씨는 매우 밝은 표정이었습니다. 보통 현장 상담은 사태가 심각해졌거나 급하게 해결해야 할 사안이 생겼을 때 요청하는 경우가 많은데, 의아한 생각이 들었습니다.

"심각한 일이 있는 것 아닙니까?"

"그런 게 아니라, 소장님께 꼭 보여드리고 싶은 게 있어서 연락드렸어요. 어서 이쪽으로."

민원인은 서둘러 엘리베이터에 타더니 9층 버튼을 눌렀습니다.

"집은 7층이었던 거 같은데요?"

"네, 맞아요. 그런데 지금은 저희 집이 아니라, 언니네 집에 가는 거예요."

박미진 씨는 불면증과 우울증 약을 복용할 만큼 심각한 스트레스를 받고 있었습니다. 윗집에 아무리 항의하고 주의를 부탁해도 무시당하기 일쑤였고, 이런 일이 반복되자 감정이 상할 대로 상해버렸습니다. 복수할 방법이 없을까 고민하던 중 뜻하지 않게 절호의 기회가 찾아왔습니다. 박미진 씨의 친언니가 같은 아파트에 살 집을 알아봐달라고 부탁한 것입니다.

"언니, 여기 빈집 있어. 이사 와. 당장!"

때마침 층간소음의 주범인 8층 바로 윗집이 이사를 나가고 비어 있었던 것입니다. 박미진 씨는 이때다 싶어 언니에게 적극적으로 이사를 권했습니다. 8층을 사이에 두고 위·아래층에 살게 된 자매. 오랜 시간 층간소음에 시달렸던 박미진 씨는 언니가 9층으로 이사 오자마자 우울증이 싹 가셨다며 활짝 웃었습니다.

"8층에서 뛰거나 소음을 내면, 다음 날 바로 언니네 집에 올라가서 똑같이 해줘요. 뛰면 같이 뛰고, 소리 내면 똑같이 소리 내고. 그렇게 하고 나면 괴롭던 마음이 싹 사라지고 얼마나 통쾌한 기분이 드는지 몰라요. 아! 이제 정말 살 것 같아요."

민원인은 자신을 괴롭히던 층간소음으로부터 벗어났다며 더 이상 상담을 받지 않아도 될 것 같다고 말했습니다.

"예, 어쨌든 문제가 해결되었다니 다행입니다. 그런데 저는 왜 부르셨는지?"

"아, 소장님한테 자랑하고 싶어서요. 호호호!"

층간소음에 오랫동안 시달린 아랫집은 누구나 박미진 씨 같은 보복을 꿈꿉니다. 긴 막대기를 이용해 천장을 두드리기도 하고, 화장실에 음악을 크게 틀어놓기도 합니다. 윗집이 기독교 신자라면 염불하는 소리를 틀고, 불교 신자라면 찬송가를 무한 재생시켜 신경을 자극하기도 합니다. 심한 경우에는 천장에 골전도 우퍼 스피커를 달아 저주파를 흘려보내기도 합니다. 아랫집의 이런 대응엔 '당한 만큼 돌려준다'는 인간 본연의 심리가 깔려 있습니다. 이는 자신들이 얼마나 힘들고 고통스러운지 윗집이 조금이라도 알아주길 바라는 처절한 표현 방식입니다. 또한 쾌적하고 안락한 생활 환경에서 인간답게 살기 위한 피 끓는 몸부림이기도 합니다.

보복을 통해 윗집의 상황이 크게 달라진다면 얼마나 좋겠습니까? 그러나 현실은 녹록지 않습니다. 처음에는 분에 못 이겨 작고 사소한 보복으로 시작하지만 이내 면역력이 생깁니다. 보복에 효과가 없으면 점점 스케일이 커집니다. 자극적이고 더 강한 방법을 찾습니다. 윗집 대문에 쇠구슬을 쏘고, 인분을 뿌리고, 현관문을 망치로 박살내기도 합니다. 더 나아가 '너 죽고 나 죽자'며 홧김에 가스 밸브를 열어 폭발시키기도 하고, 흉기로 윗집 사람을 잔인하게 찔러 숨지게 한 다음 투신자살하는 사람도 생겨납니다. 이런 끔찍한 사건은 층간소음 보복으로 인해 실제 대한민국에서 일어났던 일들입니다. 더욱 끔찍한 것은 지금 이 순간에도 층간소음으로 인한 보복이 계속되고 있다는 것입니다.

"복수를 하려면 제일 먼저 무덤 2개를 파두어라."

복수는 또 다른 복수를 낳는다고 했습니다. 전쟁 같은 층간소음으로 이웃이 다치고 죽는 현장을 수없이 봐온 저로서는 박미진 씨의 복수가 귀엽다는 생각마저 들었습니다. 박미진 씨가 얼마나 기쁘고 통쾌했으면 저를 불렀을까요?

층간소음 때문에 피 튀기는 복수전이 벌어지는 대한민국. 이런 끔찍한 일들을 사전에 예방하기 위해 민원인을 상담하고 중재하고 관리하는 직업을 가진 제 어깨가 그 어느 때보다 무겁습니다.

06

귀에서 윙윙윙 소리가 맴돌아요

2001년 서울 강변역에 있는 39층의 테크노마트가 크게 흔들렸습니다. 2000여 명이 크게 놀라 대피했고, 곧이어 퇴거 명령까지 내려졌습니다. 언론은 이 사건을 대대적으로 다루며 4D 영화 상영으로 인한 진동과 피트니스센터에서 진행된 운동 때문이라는 두 가지 추측을 내보냈습니다. 원인의 무게는 후자 쪽으로 기울었습니다. 당시 피트니스센터에서 태보(태권도, 복싱, 에어로빅을 합친 운동)를 하며 여러 사람이 같은 동작을 반복하는 바람에 공진(共振) 현상이 발생했다는 것입니다.

사람들은 처음에 믿지 않았습니다. 어떻게 여러 사람이 뛴다고 해서 건물이 흔들릴 수 있느냐는 것입니다. 하지만 조사를 담당한 성균관대 건축학과 이동근 교수는 공진 때문에 건물이 흔들렸다는 최종 결과를 발표했습니다.

초고층 건물도 흔들리게 하는 공진 현상으로 인해 발생한 층간소음 사례를 소개합니다.

"소장님, 제발 도와주세요. 윗집 때문에 죽을 것 같아요. 가슴이 콩닥콩닥 뛰고 밥을 먹어도 소화가 안 되는지 음식물이 역류하고……. 머리까지 멍하고 어지럽네요. 귀에서 윙윙윙 소리가 들려요. 어떤 땐 정말 피가 거꾸로 솟는 것 같아요. 제 딸들도 저랑 증세가 비슷해요. 이러다 모두 죽겠어요. 제발 하루라도 빨리 이 지옥에서 꺼내주세요."

황미자(가명) 씨는 전화로 2시간 동안 쉴 새 없이 하소연했습니다. 그녀의 목소리에는 간절함과 절박함이 묻어 있었습니다. 그 신호를 무시할 수 없어 모든 스케줄을 제쳐두고 다음 날 황미자 씨의 집을 방문했습니다.

황미자 씨와 두 딸을 괴롭히는 것은 윗집에서 내려오는 '우웅웅' 하는 소음이었습니다. 이런 소음이 24시간 내내 들린다고 했습니다. 측정을 해보니 그 소음은 거실에서 가장 심했고, 다른 방에서도 느껴졌습니다. 낮에도 이 정도로 들린다면 밤에는 더 큰 소음과 진동을 일으킬 게 분명했습니다. 관리소장과 함께 윗집으로 올라갔습니다.

윗집 아줌마가 하소연했습니다.

"아랫집에서 시도 때도 없이 민원을 넣는 통에 노이로제에 걸렸어요. 보세요! 버선을 두 겹이나 껴 신고 있잖아요. 24시간 소리가 난다고 하는데, 저희 부부는 10시면 잡니다. 혹시 옆집에서 내는 소리 아닐까요? 옆집 꼬마들이 쉬지 않고 뛰어다니는데……."

윗집을 찬찬히 살피던 제 눈에 냉장고가 보였습니다. 부엌 옆쪽으로 양문형 냉장고와 대형 냉장고가 나란히 놓여 있었습니다.

"냉장고가 저 둘뿐입니까?"

"아뇨. 저 방에 김치냉장고도 있어요."

부엌 옆방으로 들어가 보니 문 옆에 스탠드형 김치냉장고 하나와 일반 김치냉장고 하나가 있었습니다. 그러니까 네 대의 냉장고가 벽 하나를 사이에 두고 나란히 붙어 있었던 것입니다.

"김치냉장고가 다른 집보다 많네요?"

"제가 아들만 셋입니다. 다른 반찬은 몰라도 김치는 꼭 엄마가 해준 걸 먹겠다네요. 저놈은 묵은 김치를 담아두고요, 저놈은 막 담근 김치를 담아둡니다."

"어머님, 아랫집에 들리는 소음과 진동은 이 집에서 나는 게 맞습니다. 원인은 바로 이 네 대의 냉장고 때문입니다."

"말도 안 돼요. 냉장고 소리가 뭐 그리 크다고요?"

"네 대의 냉장고는 돌아가는 시간대가 다 다릅니다. 한 대가 작동을 끝내면 다른 한 대가 돌아가고, 이렇게 네 대가 연속으로 돌아가다 보니 아랫집에서는 24시간 소음과 진동이 발생하는 겁니다. 그리고 여기서는 들리지 않는 기계음이 아랫집으로 내려가면 공진과 공명을 일으켜 더 크게 들리고 울리게 되는 겁니다. 냉장고 네 대의 소리와 진

동이 합쳐져 증폭되는 거죠. 아랫집 분들은 아마 지진처럼 느낄 거예요."

윗집은 심각한 얼굴이 되었습니다.

"그럼 어떻게 해야 되죠?"

"부엌에 있는 양문 냉장고는 그대로 둬도 될 것 같습니다. 대형 냉장고는 베란다 거실 쪽으로 옮기고 부엌 옆방에 있는 김치냉장고 두 대는 안방 옆으로 옮기되 서로 떨어트려 놓는 게 좋겠습니다. 소음과 진동은 바닥과 벽을 타고 전달됩니다. 이를 방지하기 위해 냉장고 바닥에 매트를 깔도록 하세요. 그리고 냉장고 측면과 후면에 15센티미터 정도의 공간을 만들어주는 것이 좋습니다."

얼마 후 황미자 씨에게서 전화가 왔습니다. 진동이 느껴지지 않고 소리도 아주 작게 들린다며 고맙다고 했습니다.

황미자 씨 모녀를 괴롭힌 것은 네 대의 냉장고에서 발생한 공진이었습니다. 공진이란 특정 진동수를 가진 물체가 같은 진동수의 힘이 외부에서 가해질 때 진폭이 커지면서 에너지가 증가하는 현상을 말합니다.

김치냉장고가 생활필수품으로 자리 잡은 후 두 대 이상의 냉장고를 가지고 있는 집이 늘어났습니다. 대부분 주방 쪽에 나란히 배치하는 경우가 많습니다. 요즘 광고하는 냉장고들을 보면 저소음을 강조하지만 여전히 기계는 기계일 뿐입니다. 세월이 지남에 따라 팬모터 고장으로 끽끽끽 소리가 나기도 하고, 컴프레서 고장으로 부우웅 소리나 덜커덩덜커덩 소리를 내기도 합니다. 심한 경우에는 드릴이나 모터 소리를 내기도 합니다. 최악은 이런 소리를 내는 냉장고들이 서로 붙어 있으면서 공진하는 겁니다.

공진이 얼마나 무서운지는 1850년에 발생한 프랑스 앙제(Angers) 다리 붕괴 사건에서도 알 수 있습니다. 길이 102미터, 폭 7.2미터의 현수교가 무너지는 바람에 그곳을 행진하던 483명의 병사 중 226명이 사망했습니다. 사고 당시 바람이 다리와 부딪히며 진동을 일으켰고, 이 진동이 점차 커지면서 공진 현상이 일어난 것입니다.

만약 여러분의 아랫집이 24시간 끊임없이 소리와 진동이 난다고 호소하면 무시하거나 외면하지 말고 냉장고부터 자세히 살펴봐주십시오. 혹시 냉장고끼리 서로 붙어 있어 공진 현상이 일어나지는 않는지, 오래된 냉장고를 수리하지 않아 소음을 그대로 방치하고 있는 것은 아닌지 잘 살펴봐야 합니다. 냉장고뿐만 아니라 세탁기와 에어컨 등의 기계도 마찬가지입니다.

내 집에서는 들리지 않는다고 아랫집의 하소연과 항의를 무시해서는 안 됩니다. 일정한 기계음을 24시간 반복적으로 듣는 고통은 이루 말할 수 없습니다. 듣기 좋은 소리도 계속하면 싫은 법인데, 하물며 듣기 싫은 소리는 오죽하겠습니까.

07

초인종이 울리면 장롱 속에 숨는 아이

트라우마(trauma)는 '상처'라는 의미의 그리스어 '트라우마트 (traumat)'에서 유래한 말입니다. 일반적인 의학 용어로는 '외상(外傷)'을 뜻하나, 심리학에서는 영구적인 정신 장애를 남기는 충격을 말합니다. 층간소음을 경험한 사람은 누구나 크든 작든 트라우마를 겪습니다. 그건 어른이나 아이나 다르지 않습니다. 2004년 부산에서 발생한 사건은 그래서 시사하는 바가 큽니다.

박영희(가명) 씨는 오늘도 윗집의 쿵쿵거리는 소음에 시달리며 잠을 뒤척이다 겨우 일어났습니다. 박영희 씨가 처음으로 층간소음을 피부로 느낀 것은 윗집 남자아이가 성장하면서부터였습니다. 시도 때도 없이 쿵쿵거리며 뛰어다니는 통에 머리가 아팠습니다. 박영희 씨는 셀 수 없을 정도로 윗집에 항의하고 관리사무소에 중재를 요청했지만 별다른 소용이 없었습니다. 박영희 씨를 더 화나게 하는 것은 윗집 아이 엄마인 정주리(가명) 씨의 태도였습니다.

박영희 씨는 층간소음 때문에 불면증을 겪고 있는 상황에서도 어떻게 해서든 좋게 지내려 했습니다. 그래서 명절이면 과일을 가져다주고, 가끔 엘리베이터에서 만나면 먼저 반갑게 인사를 했습니다. 하지만 정주리 씨는 과일도 마지못해 받고 고맙다는 인사를 하는 둥 마는 둥 했습니다. 반갑게 인사를 하면 아무 표정 없이 고개만 까딱이곤 했습니다. 이런 정주리 씨의 태도에 박영희 씨는 감정이 상할 대로 상한 상태였습니다.

박영희 씨는 너무 시끄러운 날이면 몇 번이고 망설이다 용기를 내어 윗집에 인터폰을 했습니다.

"어머님, 좀 조용히 해줄 수 없을까요? 아이 뛰어다니는 소리가 너무 크게 들립니다."

그럴 때마다 정주리 씨는 차갑게 말하곤 했습니다.

"뭔 소리예요? 지금 우리 아이는 가만히 앉아 책 보고 있다고요! 그리고 아이가 순간적으로 뛰어다니는 것을 제가 어떻게 말려요? 아이 다리를 책상에 묶어두기라도 할까요? 나 참, 우리 집에서 편안하게 지내지도 못하고……. 왜 자꾸 예민하게 반응하냐고요? 제발 인터폰 좀 하지 마세요!"

이런 정주리 씨의 말과 태도에 박영희 씨는 스트레스가 활화산처럼 폭발하기 직전이었습니다.

　어느 날 박영희 씨는 회사를 조퇴하고 병원에 들렀습니다. 층간소음으로 인해 불면증과 스트레스가 심해졌기 때문입니다. 의사와 상담을 하고 약국에서 약을 구입해 나오며 '언제까지 이 고통 속에서 살아야 할까' 생각하니 절로 눈물이 나왔습니다.
　아파트에 도착해 엘리베이터를 기다리던 박영희 씨 옆으로 윗집아이 명수(가명)가 다가왔습니다. 박영희 씨는 힘든 상황에서도 초등학생인 명수에게 다정하게 말을 건넸습니다.
　"학교 다녀오는구나? 학교 생활은 재미있니?"
　"네."
　박영희 씨의 말에 명수는 무뚝뚝하게 대답했습니다. 박영희 씨는 가슴속에 담아두었던 말을 조심스럽게 꺼냈습니다.
　"근데 좀 뛰어다니지 않을 수 없니? 머리가 너무 아파서 그래. 제발 부탁이야."
　박영희 씨의 말이 끝나기 무섭게 명수가 대꾸했습니다.
　"전 요즘 집에 가면 조용히 앉아 책만 보는데요?"
　"그래, 한창 뛰어다니고 놀아야 하는 초등학생이니 이해해. 근데 여긴 혼자 사는 곳이 아니잖아. 모두가 함께 사는 곳이니 심하게 뛰어 아랫집에 피해를 주면 안 되는 거야. 그 정도는 학교에서 배워서 알고 있겠지? 제발 뛰지 말고 뒤꿈치를 들고 살금살금 걸어 다녔으면 좋겠어."

"전 요즘 안 뛴다니까요? 아줌마 때문에 저도 힘들어요. 왜 자꾸 저를 괴롭히세요. 제발 다른 곳으로 가버리세요!"

박영희 씨는 명수가 자신에게 화를 내며 대들자 그동안 쌓인 감정이 폭발했습니다. 그래서 아이에게 하지 말아야 할 짓을 했습니다.

"짝!"

명수의 뺨을 때리는 소리가 엘리베이터 안에 울려 퍼졌습니다.

명수가 뺨을 부여잡고 울면서 집으로 돌아오자 화가 난 정주리 씨는 폭행죄로 박영희 씨를 경찰에 고소했습니다. 얼마 후 50만 원의 벌금형을 선고받은 박영희 씨는 더 심한 고통 속으로 빠져들었습니다.

그런데 더 큰 문제는 명수에게서 일어났습니다. 그 사건 이후 명수는 초인종이 울리면 아랫집에서 자신을 찾아온 줄 알고 장롱 속에 숨어버리기 시작했습니다. 엄마와 아빠가 아무리 끌어내도 나오지 않는 '장롱 속 아이'가 된 것입니다. 층간소음과 폭력이 명수에게 커다란 트라우마로 자리 잡은 까닭입니다. 정주리 씨는 그런 아들을 바라보며 눈물 마를 날이 없었습니다.

저는 이 사건을 접했을 때 '박영희 씨가 얼마나 힘들었으면 그런 행동을 했을까' 하는 안타까운 마음이 있었습니다. 하지만 더 큰 걱정은 명수였습니다. 층간소음은 한 번 그 피해를 겪으면 평생을 잊지 못하고 자신 곁에서 늘 동행하기 때문입니다. 트라우마가 생기는 겁니다. 명수가 당한 폭력은 그의 인생에서 층간소음이라는 단어와 함께 평생을 따라다닐 것입니다. 나쁜 기억으로 그의 삶을 지배할지도 모릅니다.

08

한 가족을 몰살시킨 층간소음 살인 사건

층간소음 현장을 방문해보면, 대리 보복이 큰 사건으로 이어지는 경우가 많습니다. 아버지의 층간소음 피해 사실을 듣고 흥분해서 야구 방망이로 윗집 현관문을 부숴 경찰에 연행된 아들, 아랫집의 잦은 항의로 고통받는 어머니를 위해 매일 새벽 바닥을 두들겨 보복 소음을 낸 딸도 있습니다.

사람의 심리에는 어렵고 힘든 사람을 보면 도와주려는 마음이 있습니다. 하물며 자기 가족을 괴롭히는 이웃이 있다는 것을 알게 되면 누군들 가만히 있겠습니까? 특히 한창 피 끓는 젊은 자식을 둔 부모라면 더욱더 조심해야 합니다. 가족끼리 한 집에 모이는 명절이나 가족 행사 때 술이라도 한잔 걸치고 있는데 층간소음 때문에 힘들어하는 부모님 이야기를 듣는다면 어떻게 될까요? 어려울 때 똘똘 뭉치고 강해지는 것이 가족이다 보니 감정이 격해지면 꼭 사달이 나기 마련입니다. 2013년 대한민국을 시끄럽게 했던 면목동 살인 사건도 설 명절 전날에 일어난 대리 보복이었습니다.

서울 중랑구 면목동의 한 아파트에 사는 박규만(가명) 씨 부부 집에도 결혼한 두 아들이 명절을 지내러 왔습니다. 오랜만에 온 가족이 모이자 집 안에는 웃음소리가 가득했습니다.

"뚜뚜~"

바로 그때, 경비실에서 인터폰이 울렸습니다.

"경비실입니다. 아랫집에서 시끄럽다고 해서요. 조금만 주의해주세요."

박규만 씨는 알았다고 대답했습니다.

"아버지, 아랫집에서 또 뭐라고 해요?"

두 집은 이미 오래전부터 층간소음 문제로 신경이 예민해져 있는 상태였습니다. 아랫집에는 김명희(가명) 씨와 여동생이 살고 있었는데, 층간소음 때문에 못살겠다며 하루가 멀다 하고 초인종을 누르고 항의하기 일쑤였습니다. 박규만 씨 부부는 그칠 줄 모르는 김명희 씨의 잦은 항의에 지칠 대로 지쳐 있었습니다. 이에 박규만 씨는 아들들에게 층간소음으로 인한 피로를 호소했고, 심각한 상황을 전해 들은 형제는 아랫집에 강한 적대감을 갖게 되었습니다.

그건 아랫집 김명희 씨네도 마찬가지였습니다. 김명희 씨의 내연남

유한진(가명) 씨 역시 윗집에 강한 불만을 품고 있는 상태였습니다.

얼마 후, 밖에서 요란한 소리가 들렸습니다.

"쿵! 쿵! 쿵!"

참을 만큼 참던 유한진 씨가 초인종을 누르는 대신 발로 현관문을 거칠게 찬 것입니다. 무슨 일인가 싶어 둘째 아들이 황급히 문을 열자, 유한진 씨가 인상을 쓰며 다짜고짜 소리를 질렀습니다.

"조용히 좀 삽시다! 예?"

평소 쌓였던 감정이 폭발하자 고성이 오갔습니다.

"그렇게 시끄러우면 이사 가면 될 거 아냐?"

"이 새끼가? 뭐라고 했어? 너 좀 맞아야겠다!"

박규만 씨 부부는 어떻게든 싸움을 말려보려 했지만, 감정이 폭발할 대로 폭발한 형제와 유한진 씨를 말리기엔 역부족이었습니다. 그렇게 한참 동안 욕설을 퍼붓던 유한진 씨가 갑자기 화단 쪽으로 내려가더니 형제를 불렀습니다.

"내려와! 내려와서 사과해! 사과하라고! 이 새끼야!"

형제가 화단 쪽으로 내려오자 유한진 씨는 갑자기 자신의 차 트렁크에서 회칼을 꺼내 휘두르기 시작했습니다. 심장과 급소 등을 찔린 형제는 그 자리에서 쓰러지고 말았습니다. 얼마나 세게 찔렀는지 칼이 부러질 정도였습니다. 형제는 결국 과다 출혈로 숨졌습니다. 설날을 하루 앞두고 벌어진 일이었습니다.

안타까운 일은 연달아 일어났습니다. 평소 고혈압과 당뇨가 있던

아버지 박규만 씨는 "내가 두 아들을 죽였다"며 비통해하다 형제가 사망한 지 19일 만에 세상을 떠났습니다. 층간소음으로 인해 하루아침에 아버지와 형제가 모두 숨졌으니, 정말 참담한 일이 아닐 수 없었습니다.

한 가족이 몰살한 큰 사건이다 보니 수많은 언론에서 크게 다루었고 사회적 이슈가 되었습니다. 덩달아 저도 바빠졌습니다. 한 신문사의 연락을 받고 현장을 방문한 저는 큰 충격에 빠졌습니다. 10년 넘게 전문가로 활동했지만 층간소음으로 살인 사건이 일어난 현장에 직접 와본 것은 처음이었기 때문입니다. 그 당시의 울부짖음과 피비린내가 풍기는 듯한 현장을 보고 있자니 오만 가지 생각이 다 들었습니다.

"진짜 죽이고 싶어요."
"왜 층간소음 때문에 살인 사건이 일어나는지 알 것 같아요."
오랫동안 층간소음에 시달린 사람과 상담을 하다 보면 자주 이런 이야기를 듣습니다. 여러분이 지금 이런 생각을 마음에 품고 있다면 관리사무소와 경비실에 도움을 청하십시오. 특별한 해결책을 제시해주지는 못할지라도 이 상황을 서로 공유하는 게 좋습니다. 관리소에서는 해결하기 어려운 민원이 반복되더라도 주민의 분쟁을 중재하는 것이 자신의 임무요, 역할이라는 것을 잊지 말아야 합니다. 주민 입장에서는 자신을 대신해 누군가가 나서준다는 사실만으로도 불안이 사라지기 때문입니다.

이 사건에서 주목해야 할 점이 있습니다. 살인을 저지른 유한진 씨와 피해자 형제가 해당 아파트의 거주자가 아니라는 것입니다. 그들은 가족에게 층간소음으로 인한 어려움을 전해 들었고, 가족을 보호해야 한다는 생각에 앞뒤 가리지 않고 감정적으로 문제를 해결하려 했습니다. 절대로 직접 대면해서는 안 되는 사람들이 만나 이렇게 심각한 대리 보복 사건이 벌어지고 만 것입니다.

층간소음을 심하게 겪고 있는 부모라면 자녀나 지인들에게 먼저 이야기하기보다 가급적이면 전문가와 상의하는 게 좋습니다. 전문가가 부모의 상황을 충분히 숙지한 후, 필요한 경우 자녀나 지인들에게 도움을 요청할 수 있도록 하는 게 현명합니다.

09

노인회장의 위험천만한 중재

충간소음 문제가 지속되면 아파트 관리사무소나 입주자대표회의, 노인회 등이 개입하는 경우가 있습니다. 이웃에 대해 관심을 갖고 중재하려는 것은 고마운 일입니다. 하지만 충간소음의 특성과 피해자 성향에 대한 지식 없이 무턱대고 양쪽을 화해시키려고만 한다면 더욱 심각한 사태를 유발할 수 있으니 각별한 주의가 필요합니다.

대전의 한 아파트에서 발생한 일입니다. 아랫집에 사는 안찬영(가명) 씨의 민원을 접하고 방문했을 때, 당사자들의 관계는 이미 악화할 대로 악화한 상태였습니다. 1년 넘게 고통에 시달렸다는 안찬영 씨는 직업 특성상 조용한 밤과 새벽에 글을 써야 하는데, 윗집 소음으로 일은커녕 신경증에 걸릴 지경이라고 하소연했습니다. 윗집에 자신의 직업 특성을 이야기하고 정중하게 주의를 부탁했지만, 하루나 이틀 좀 조용할 뿐 층간소음은 여전히 나아질 기미가 보이지 않았습니다.

안찬영 씨는 자신이 층간소음에 예민하게 반응하는 것이 두렵고, 잘못했다간 자신도 모르게 윗집 사람에게 해를 끼칠 수도 있다는 생각에 아파트 관리사무소에 도움을 요청했습니다. 곧이어 관리사무소 주재로 층간소음 해결을 위한 긴급회의가 열렸고, 노인회장 겸 동 대표인 78세의 어르신이 중재를 하겠다고 나섰습니다.

"제가 이 아파트에서만 30년을 살았습니다. 그런데 평생 층간소음이란 걸 모르고 지냈어요. 만나서 술 한잔하고, 서로 친하게 지내면 다 해결될 일입니다."

노인회장은 층간소음을 해결하는 데 친목만 한 것이 없다며 다짜고짜 술자리를 마련했습니다. 그런데 여기서 노인회장이 간과한 사실이 하나 있습니다. 아랫집과 윗집은 1년 이상 층간소음으로 분쟁을 겪고 있는 상태라 서로를 마주하는 것 자체가 고통이라는 것 말입니다. 겉으로는 웃고 있어도 둘 사이에는 절대적 불신과 적대감이 팽배해 정상적인 소통이 불가능한 상태였습니다. 그래도 하루빨리 이 사태를 해결하고 싶었던 두 사람은 노인회장을 가운데 두고 대화를 이어나갔습니다.

"한잔하시지요. 제가 좀 예민했습니다."

안찬영 씨의 말에 윗집 남자가 대답했습니다.

"저희 아이들이 극성이긴 합니다. 조금 더 주의를 줬어야 했는데,

죄송합니다."

술이 한 잔 들어가니 서서히 마음이 풀리고, 두 잔 들어가니 "형님" "아우" 소리가 절로 나왔습니다.

"형님, 2차 가시죠! 제가 한잔 사겠습니다."

"무슨 소리! 내가 사야지!"

노인회장은 흐뭇한 미소를 지으며 집으로 돌아갔고, 두 사람은 기분 좋게 호프집에 들어갔습니다. 안찬영 씨는 조금 풀어진 분위기를 틈타 오늘 층간소음 문제를 확실히 매듭지어야겠다고 결심했습니다. 윗집에서 고의적으로 소음만 발생시키지 않는다면 문제는 쉽게 해결될 거라고 생각했기 때문입니다.

"형님, 제가 그동안 너무 힘들었습니다. 앞으로는 제발 일부러 쿵쿵거리지 말아주세요. 이렇게 부탁드립니다."

그러곤 안찬영 씨가 갑자기 무릎을 꿇었습니다.

"아니, 내가 뭘 일부러 소리를 냈다고……."

윗집 남자는 매우 당황스럽고 기분이 나빴습니다. 자신은 한 번도 고의적으로 소음을 낸 기억이 없기 때문입니다. 조용히 걷고 TV 소리도 줄이는 등 최대한 노력하고 있는데, 그런 건 조금도 알아주지 않고 여전히 자기 탓만 하니 너무 화가 나고 억울했습니다.

"그렇게 말하면 섭섭하지. 일부러 쿵쿵거리다니?"

안찬영 씨는 황당하다는 듯 구체적인 날짜까지 언급했습니다.

"지난주 토요일 밤 11시에 고의적으로 쿵쿵거렸잖습니까?"

"무슨 소리야? 우리는 그날 가족 여행을 가서 집에 아무도 없었는데."

"거짓말하지 마세요. 제가 올라가서 확인해보니, TV 소리랑 쿵쿵거리는 소리가 밖에까지 다 들리던데요."

"허참! 빈집에서 무슨 소리가 난다고 그래?"

"발뺌하지 마세요!"

두 사람 사이에 험한 고성이 오갔습니다.

"야, 이 자식아! 너 지금 뭐라고 했어? 어?"

윗집 남자가 안찬영 씨의 멱살을 움켜잡았습니다.

"지금 뭐 하시는 겁니까? 이거 놓으세요!"

안찬영 씨가 윗집 남자를 밀치면서 술자리는 금세 이수라장으로 변했습니다. 방금 전까지 호형호제하던 사람들이 원수를 만난 듯 치고 박고 싸우니, 중재했던 노인회장이 봤으면 기함을 토할 노릇이었을 겁니다.

층간소음 문제는 하루아침에 해결할 수 없습니다. 전문가한테 상담을 받았는데도 왜 문제가 해결되지 않느냐고 답답함을 호소하는 경우가 있는데, 몇 번의 방문과 몇 통의 전화만으로 어떻게 문제를 해결할 수 있겠습니까. 그래서 간혹 전문가의 말을 무시하고 자기 생각대로 행동하는 민원인이 있습니다. 이때가 가장 위험한 순간입니다. 층간소음 분쟁 기간이 1년 넘은 경우에는 분쟁 당사자끼리 절대 직접 대면을 해서는 안 됩니다. 이런 저의 말을 무시하고 대면했다가는 돌이킬 수 없는 상황을 마주할 수 있다는 걸 명심해야 합니다.

위의 두 사람은 결국 경찰서까지 다녀왔다고 합니다. 두 사람의 안타까운 이야기를 듣고 제가 그분들에게 물었습니다.

"마지막으로 한 가지 여쭤보겠습니다. 그래도 저에게 연락을 하신 건 서로 잘 지내고 싶은 마음이 조금은 남아 있어서 그런 것 아닙니까?"

아랫집 남자는 무언가 깨달은 듯 놀란 표정을 짓더니 천천히 고개를 끄덕였습니다. 서로를 적대시하고는 있지만, 그들 내면에는 층간소음 문제만 해결하면 그래도 잘 지낼 수 있을 것이라는 희망이 있었습니다. 그래서 지푸라기라도 잡는 심정으로 저에게 연락을 했던 것입니다.

저는 먼저 안찬영 씨에게 층간소음으로 가장 힘든 시간대가 언제냐고 물었습니다. 그리고 윗집에 이 시간대를 알려주면서 소음을 줄이기 위한 매트 설치 방법, 행동 요령 등을 상세히 전달했습니다. 윗집도 더 이상 감정이 악화하는 것을 원치 않는다며 적극적인 자세로 해결책을 받아들였습니다. 어느 날 갑자기 이웃사촌이 될 순 없겠지만, 적어도 지금은 경찰서에 갈 만큼 큰 분쟁을 겪지는 않는다니 얼마나 다행인지 모릅니다.

여러분이 층간소음 중재자로 나서고 싶다면 저는 언제든 환영합니다. 그러나 층간소음이라는 전쟁터로 나서기 전에 충분한 사전 지식을 갖추길 바랍니다. 층간소음은 케이스마다 발생 원인이 다르고, 사람마다 고통을 느끼는 정도도 다릅니다. 근본 문제를 해결하지 않은 채 무턱대고 친해지면 된다는 식의 중재는 오히려 역효과를 불러일으킬 수 있으니 각별히 주의해야 합니다.

제 20년 경험을 통해 말하자면, 층간소음 당사자들은 서로 친해지길 바라지 않습니다. 가해자의 얼굴만 봐도 심할 경우 살인 충동이 생기는데 무슨 친목 도모란 말입니까. 위 사례에서는 그나마 폭행으로 끝났지만 자칫하다간 더 심각한 일이 생길 수도 있다는 걸 명심해야 합니다.

층간소음 피해 기간이 6개월 이내일 때는 층간소음을 단순한 '소음'으로만 인식하기 때문에 직접 대면을 통해 해결할 수도 있습니다. 6개월에서 1년 사이일 때는 서로 갈등을 겪는 과도기이긴 하지만 직접 대면이나 협상의 여지가 남아 있습니다. 하지만 피해 기간이 1년을 넘어서면 감정 문제로까지 확대되기 때문에 직접 대면하기보다는 인터폰 대화나 현관문에 메모를 붙이는 등의 간접 접촉을 먼저 하는 것이 좋습니다. 그래도 해결이 안 된다면, 관리사무소나 전문가의 도움을 받아야 합니다. 다짜고짜 찾아간다거나 어설피 이웃의 도움을 받다가는 정말 큰일이 생길 수 있습니다. 그러니 약은 약사에게, 층간소음은 층간소음 전문가에게!

10

우리 아파트에 겨울 귀신이 살아요

경기도 광명시의 한 아파트.

겨울철로 접어드는 11월이 되면 밤 11시부터 새벽 5시까지 아파트 전체를 돌아다니며 30분 간격으로 벽을 치는 사람이 있다고 했습니다.

"이번에는 반드시 범인을 찾아 요절을 낼 거야. 이런 미친놈이 있나?"

참다못한 아파트 주민들은 건장한 사람들로 별동대를 조직해 이 범인을 잡기 위해 노력하고 있었습니다. 하지만 소리가 들리는 곳으로 달려가면 금세 사라지고 없었습니다.

"제길, 오늘도 허탕이군."

몇 년째 별다른 성과가 없자 밤 10시가 되면 아파트 밖으로 나오는 사람이 거의 없을 정도였습니다.

"저 아파트에 귀신이 산대."

소문이 꼬리에 꼬리를 물고 온갖 루머가 난무하기 시작했습니다. 아이들이 있는 부모는 이사를 가려 했지만 '귀신 사는 아파트'로 낙인찍혀서인지 좀처럼 매매가 이뤄지지 않았습니다. 근처 아파트 단지 사람들도 이 아파트 주민과 거리를 두려 했습니다.

상황이 이렇게 되자 주민들은 귀신을 잡기 위해 혈안이 되었습니다. 관리소장과 동 대표들도 이 문제를 해결하기 위해 동분서주했습니다. 아파트 가격이 하루가 멀다 하고 점점 떨어지고 있었기 때문입니다.

어느 날 이 아파트의 입주자 대표가 전화를 걸어왔습니다. 자초지종을 들은 저는 한 가지 부탁을 했습니다.

"대표님, 제가 방문할 때 아파트 배관 구조 도면을 준비해주십시오."

"소장님, 준비는 하겠지만…… 그게 저희 아파트 소음과 무슨 연관이 있나요? 저희 아파트는 새벽에 누군가가 아파트를 돌면서 벽을 치는 것이 문제인데요."

"꼭 필요합니다. 그럼 그날 뵙겠습니다."

며칠 후 그 아파트를 방문한 저는 도면을 상세히 살펴보았습니다.

"소음이 겨울에만 들린다고 하셨죠?"

"네. 여름에는 괜찮습니다. 근데 겨울만 되면 유독 심해집니다. 그래서 사람들이 우리 아파트에 겨울 귀신이 산다고 합니다."

"대표님, 겨울 귀신은 바로 난방 방식에 따른 소음입니다."

"네?"

"여름에는 난방을 하지 않으니 소음이 거의 없다가 겨울이 되면 난방 배관으로 급탕물이 흐르게 됩니다. 배관으로 급탕만 흐르면 문제가 없지만, 급탕이 되지 않을 때는 식은 응축수가 흐르는데, 뜨거운 급탕과 식은 응축수가 부딪힐 때마다 강한 충격음이 발생하고, 이 충격음이 배관에 전달되어 '탕탕탕' 또는 '쏴아아' 등의 소음을 내는 겁니다."

입주자 대표가 놀란 표정으로 저를 쳐다봤습니다.

"이 아파트는 중앙난방 방식입니다. 제가 조사해보니 배관이 오래되었네요. 노화된 배관을 타고 아파트 전체에 물이 흐르며 소리를 내다보니 누군가가 여기저기 돌아다니며 고의적으로 내는 것처럼 들린 것입니다."

"그럼 귀신이 아니라는 거죠?"

"네."

저는 아파트에서 손쉽게 할 수 있는 일부터 알려드렸습니다.

"온수 배관의 수압을 조절하세요. 그와 동시에 감압 밸브의 상태를 파악해 너무 노후화했으면 교체하시기 바랍니다. 감압 밸브가 부족할 경우에는 추가 시설을 하는 것이 가장 좋습니다. 그럼 겨울 귀신 소리가 어느 정도 완화될 겁니다. 그렇다고 소음이 완전히 없어지는 것은 아닙니다. 집집마다 소음을 느끼는 정도가 다를 테니까요. 그럴 때는 잠자는 곳을 바꾸는 것도 좋은 방법입니다."

얼마 후 입주자 대표에게서 전화가 왔습니다.

"소장님, 말씀하신 대로 했더니 정말 거짓말처럼 소음이 많이 줄었습니다. 이제 겨울 귀신을 잡은 것 같습니다, 하하. 감사합니다."

겨울 귀신 못지않게 많은 민원이 '여름 귀신'과 '출퇴근 귀신'입니다. 이 소음은 여름철과 물을 많이 사용하는 출퇴근 시간대에 많이 발생합니다. 주로 벽이나 천장을 치는 듯한 '둥둥둥' 소리, 타이어 바람 빠지는 것처럼 '퓨수수웅~ 쏴우우' 하는 소리로 들립니다. 이런 소리가 나면 관리소의 도움을 받아 급수 압력을 조절하거나 상층부에 설치된 수격 작용(水擊作用, water hammering: 긴 파이프라인에 유체가 흐르면서 갑자기 막히거나 방향을 바꿀 때 발생하는 충격 현상) 방지용 에어 밸브를 교체하면 소음을 줄일 수 있습니다.

11

짜장면 시키신 분? 이상한 배달의 전말

서울 종로의 한 사무실.

"오늘은 뭘 먹을까? 오랜만에 뜨근뜨근한 순댓국 어때?"

서민기(가명) 씨는 동료들과 함께 점심 이야기를 하고 있었습니다.
그때 사무실 문을 열고 중국집 배달원이 들어왔습니다.

"서민기 씨 계신가요? 음식 배달 왔습니다. 짜장면 20그릇, 팔보채
2개, 양장피 2개 시키셨죠? 어디에 내려놓을까요?"

뜬금없는 말에 서민기 씨가 놀라 물었습니다.

"저는 음식 배달을 시킨 적이 없는데요."

"○○무역상사의 서민기 씨 아닌가요? 분명히 맞는데."

"무슨 소릴 하시는 겁니까? 저는 전혀 그런 일 없습니다."

"죄송합니다. 가게에 확인해볼게요. ……전화번호가 010에 0000-

0000 아닙니까?"

"맞습니다. 그러나 저는 배달시킨 적이 없어요. 정확하게 알아보고 배달을 하셔야죠."

한동안 실랑이가 벌어졌지만 다행히 그날은 조용히 마무리되었습니다.

하지만 다음 날도 그다음 날도 인근의 다른 중국집에서 서민기 씨 회사로 계속 음식이 배달되었습니다. 음식을 시키지 않았다는 서민기 씨의 말에 어떤 배달원은 음식 그릇을 사무실 복도에 엎어버리고, 어떤 배달원은 온갖 쌍욕을 하기도 했습니다. 이런 일이 반복되자 서민기 씨는 업무에 지장을 받기 시작했고 상사한테 불려가는 일도 잦아졌습니다.

'도대체 어떤 자식이 이런 짓을 하는 거야?'

그때 문득 아랫집 사람이 생각났습니다.

서민기 씨의 아랫집에는 김동민(가명) 씨가 살고 있었습니다. 대학을 졸업하고 분당에 있는 한 인터넷 회사에 근무하던 김동민 씨는 서민기 씨 가족이 이사 오고 나서부터 층간소음에 시달리기 시작했습니다. 이사하는 날은 이해했습니다. 하지만 그다음 날부터 밤늦게까지 아이들이 뛰어다니는 소음 때문에 견디다 못한 김동민 씨는 윗집의 벨을 눌렀습니다.

"안녕하세요? 저는 아랫집에 사는 사람입니다. 일주일 전에 이사 오셨죠?"

"네, 그렇습니다만……. 근데 무슨 일로?"

"일주일 전부터 아이들 뛰어다니는 소리 때문에 잠을 잘 수가 없습니다. 좀 주의해주시겠습니까?"

"네, 죄송합니다. 아이들에게 주의를 주겠습니다."

그렇게 며칠간은 조용한 듯하더니 다시 소음이 들리기 시작했습니다. 김동민 씨는 스트레스가 점점 심해졌습니다. 주변 사람들에게 하소연하면 "너무 예민한 거 아냐?" 하는 말만 듣기 일쑤였습니다. 참다 못한 김동민 씨는 다시 윗집을 방문했습니다.

"아이들이 너무 뛰어서 힘들어요. 제발 주의 좀 부탁드립니다."

서민기 씨도 짜증이 났습니다.

"아니, 이런 일로 계속 찾아오면 어쩌라는 겁니까!? 우리 집에서 아이들이 뛰지도 못합니까? 아니면 날아다닐까요? 그리고 아직 결혼 안 하셨죠? 아이가 없으니 층간소음 문제를 이렇게 예민하게 받아들이는 겁니다. 층간소음 없는 아파트가 어디 있어요? 다들 참고 살아요. 조금 이해하고 참아주셔야죠. 다시는 올라와서 벨을 누르지 않았으면 좋겠습니다. 저희가 제발 부탁드립니다."

김동민 씨는 윗집의 이런 반응이 놀랍고 섭섭했습니다. 서민기 씨를 말로 해서는 안 되는 사람으로 생각하기 시작했습니다. 김동민 씨는 자신의 어려움과 힘든 감정을 무시하는 서민기 씨에게 복수를 하기로 했습니다. 처음에는 소음이 들릴 때마다 막대로 천장을 치기도 하고 고함을 지르기도 했습니다. 하지만 그럴수록 소음은 점점 심해 졌습니다. 이런저런 방법을 다 써봤지만 큰 도움이 되지 않자 김동민 씨는 점점 자신만 비참해지는 기분이 들었습니다. 그때 섬광처럼 좋은 생각이 스쳐갔습니다.

'옳지. 그렇게 하면 되겠다.'

김동민 씨가 수많은 생각 끝에 내린 방법이 음식 배달로 골탕을 먹이는 것이었습니다.

서민기 씨는 배달 사건의 범인을 아랫집으로 추측했습니다. 최근 들어 보복 소음도 들려오지 않고, 우연히 엘리베이터에서 만나면 자신을 피하는 김동민 씨가 유력한 범인이라고 생각했습니다. 하지만 물증이 없었습니다. 이 사건이 일어난 2003년만 해도 발신자 전화번호를 수신자가 알지 못하는 시기였습니다. 게다가 김동민 씨는 여러 공중전화를 돌며 주문하는 치밀함도 보여주었습니다.

먼저 백기를 든 것은 서민기 씨였습니다. 음식 배달이 계속되자 업무에 지장을 받았고 스트레스가 쌓여만 갔습니다. 결국 서민기 씨는 이사를 갔습니다.

12

인테리어 공사 소음 때문에 미칠 것 같아요

2020년에 대유행하기 시작한 코로나 바이러스(COVID-19)는 우리의 일상을 크게 바꾸어놓았습니다. 재택근무가 많아졌고, 집에서 생활하는 '집콕' 인구도 늘어났습니다. 집에서 생활하는 시간이 많다 보니 인테리어를 다시 하려는 분도 많아졌습니다. 새로운 집을 사서 이사할 때나 20~30년 넘은 아파트를 개보수할 때 주로 했던 인테리어 작업이 유행처럼 번진 것입니다. 코로나19 덕분에 집의 가치와 용도를 재발견한 사람들은 보관이사로 짐을 맡겨둔 후 집을 다시 꾸미기 시작했습니다. 보관이사업체와 인테리어업체는 때 아닌 호황을 맞기도 했습니다. 인테리어 공사로 인한 층간소음 민원도 덩달아 증가했습니다.

"꾸르르릉 꽝꽝! 꾸르르릉 꽝꽝! 꽝꽝꽝!"

송민경(가명) 씨는 윗집에서 들려오는 인테리어 공사 소음 때문에 지칠 대로 지쳤습니다. 벌써 며칠째 아침 8시만 되면 들려오는 소리. 그 소리는 저녁 8시까지 끊임없이 들려왔습니다. 송민경 씨는 참다못해 윗집으로 올라갔습니다.

"도대체 언제까지 공사를 할 거예요? 공고문에는 어제까지라고 적혀 있던데요."

현장 담당자가 고개를 숙였습니다.

"죄송합니다. 자재가 늦게 들어오는 바람에 공사가 지연되었습니다."

"그럼 다시 공지를 해줘야지요. 그동안 얼마나 참고 산 줄 아세요?"

그날 밤 윗집 주인이 송민경 씨를 찾아와 사과했습니다.

"미리 공지를 하지 못해 죄송해요. 3일 정도 공사를 더 해야 할 것 같아요. 양해해주세요."

다음 날, 공사를 3일 연장한다는 공고문이 붙었습니다. 그러나 3일이 지나도 공사는 계속되었고, 송민경 씨는 다시 윗집으로 올라가 항의했습니다. 처음에는 죄송하다고 말했던 현장 담당자는 송민경 씨를 슬슬 피했습니다. 공사 인부들도 "빨리 끝내세요! 약속과 다르잖아요!"라고 소리치는 그녀를 본체만체했습니다. 현장 담당자를 통해 알아낸 번호로 집주인에게 전화를 걸었지만 받지 않고, 문자를 해도 아무런 답변이 없었습니다. 송민경 씨는 너무나 화가 나고 억울했지만 별다른 방법이 없었습니다. 그렇게 일주일이 흘렀습니다.

'이제 공사가 끝난 모양이군.'

아침부터 들려오던 공사 소음이 멈추자 송민경 씨의 일상도 평온을 찾는 듯했습니다. 그렇게 일주일이 지난 어느 날 또다시 소음이 들리기 시작했습니다. 윗집이 이사를 오고 있었습니다. 윗집의 이사는 저녁 늦게까지 계속되었고, 다음 날은 10명 넘는 사람들이 이 방 저 방 오가며 큰 소음을 냈습니다. 요즘 유행하는 정리업체 사람들이었습니다.

송민경 씨는 인테리어 공사 때의 악몽과 윗집의 무례한 행동에 화가 났습니다. 그래서 거칠게 항의했지만 윗집 남자는 짜증난다는 듯이 말했습니다.

"아줌마, 그것도 이해 못하세요? 인테리어 공사 때도 그러더니 이사 때도 이렇게 올라와서 항의하시면 어떡해요? 그럼 뭐 내 집 인테리어도 하지 말고 이사도 하지 말란 말이에요?"

송민경 씨는 적반하장으로 나오는 윗집 남자의 태도가 무섭기까지 했습니다. 그러나 그보다 더 무서운 것은 다음 날부터 시작된 윗집 아이들의 층간소음이었습니다. 운동장에라도 온 것처럼 뛰어다니는 아이들의 소음은 견딜 수가 없었습니다. 아이들이 내는 소음은 10시 넘어서도 계속되었습니다. 더구나 언제 소음이 들릴지 모르는 공포가 송민경 씨를 힘들게 했습니다. 결국 그녀는 이사를 갈 수밖에 없었습니다.

인테리어 공사로 비롯된 이웃 간 분쟁은 공사 소음에서 시작해 층간소음 문제로 확대되는 경우가 많습니다. 이런 분쟁은 대부분 절차를 무시하고 이웃을 배려하지 않아 생깁니다. 집을 예쁘고 깨끗하게 꾸미고 싶은 마음은 누구에게나 있습니다. 하지만 절차를 무시하거나 이웃에게 피해를 주는 행동은 삼가야 합니다. 특히 저녁 늦게나 주말 혹은 공휴일에 공사하는 것은 피해야 합니다.

예전에는 인테리어 공사를 하기 전에 현장 담당자와 집주인이 위·아랫집을 방문해 양해를 구했습니다. 이웃 간의 분쟁을 사전에 막기 위한 예비책이었지요. 그럼에도 불구하고 민원이 많아지자 요즘은 공사를 하기 전에 해당 동의 모든 주민에게 동의서와 사인을 받는 아파트도 늘어나고 있습니다. 이러한 방법은 공사로 인해 발생하는 소음 분쟁을 줄일 수 있는 좋은 시도라고 생각합니다.

인테리어 공사 시 주의 사항

1 인테리어 공사를 진행하기 전에 관리소를 통해 공사 기간과 소음이 많이 나는 시간을 구체적으로 언급하고 그 내용을 게시판에 붙이세요.

2 공사 기간은 반드시 준수하세요. 공사 기간을 초과할 경우에는 상하 5개 층에 양해를 구하세요. 공사 담당자보다 집주인이 직접 하는 것이 좋습니다.

3 공사 시간은 아침 9시부터 오후 5시까지로 정하세요.

4 공사가 끝난 후에는 상하 5개 층에 음료수나 과일 등 작은 선물을 준비해 감사 인사를 드리세요.

인테리어 공사 안내문(예시)

인테리어 공사 안내문

안녕하세요, 101동 이웃 여러분.
1004호에서 인테리어 리모델링 공사를 합니다.
공사 기간 동안 이웃분들에게 최대한 불편이 없도록
소음, 분진 등을 철저히 관리하겠습니다.
그리고 안전하고 신속하게 공사를 진행하도록 하겠습니다.
댁내에 항상 행복이 깃들기를 기원합니다.

공시 기간: 2021년 6월 1일~6월 20일

공사 세대: 101동 1004호

공사 내용: 일반 공사

공사 업체: 늘푸른하늘 인테리어

연락처: 010-0000-0000

*소음이 심한 날은 6월 1~8일로 예상됩니다.

*이웃 여러분께 양해 부탁드립니다.

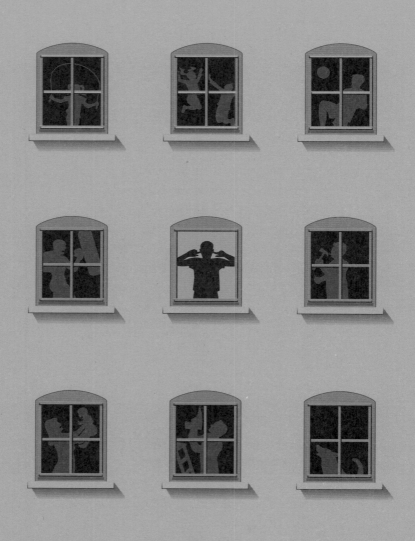

PART 02

아파트에서 살고 싶지만
층간소음은 싫어요

01

매일 새벽 윗집에서 굿을 해요

'소리'는 물체의 진동에 의해 생긴 음파가 귀청을 울려 들리는 것입니다. 때론 소리가 왜곡돼서 들리기도 합니다. 어떤 이는 이명(耳鳴)보다 소리 왜곡이 더 고통스럽다고 합니다. 샤워기 물 떨어지는 소리가 쇳소리처럼 들리기도 하고, 화장실 환풍기 돌아가는 소리가 저음은 안 들리고 고음 부분만 유독 크게 들려 괴롭다고 합니다. 이런 소리 왜곡이 아니더라도 층간소음을 상담하다 보면 소음원을 오해해 일어나는 해프닝이 많습니다.

"윗집에서 밤마다 무당을 불러 굿을 해요. 하루도 빠짐없이 북을 쳐대니 돌아버릴 것 같습니다. 벌써 1년 넘게 굿을 합니다. 관리사무소를 통해 민원을 넣어도 자신들은 굿을 하지 않았다고 발뺌을 합니다.

아주 못됐고 패씸한 사람들입니다."

서울의 한 아파트에 사는 50대 남자 서장현(가명) 씨의 민원이었습니다.

며칠 후 현장을 찾아 그 아파트의 구조와 준공 연도 그리고 바닥에 사용한 재질을 확인한 후 서장현 씨에게 물었습니다.

"무당의 북 치는 소리가 어느 시간대에 가장 심하게 들립니까?"

"밤마다 들리는데, 새벽 5시가 가장 심합니다."

"어디서 들리죠?"

"바로 윗집입니다."

"어떻게 확신할 수 있죠?"

"소리가 날 때 제가 직접 올라가 현관문에 귀를 대고 들었습니다. 윗집이 확실합니다. 어떻게 여러 사람이 사는 아파트에서 굿을 할 수 있죠? 도대체 양심이라는 게 없는 사람들입니다."

저는 서장현 씨 집을 나온 뒤 바로 윗집으로 가지 않고 옆집과 윗집의 옆집, 윗집의 윗집을 방문했습니다. 이웃들에게 굿을 하고 있는 세대로 인해 어느 정도 피해를 보고 있는지 확인하고, 관리사무소를 찾아가 굿으로 인한 민원이 얼마나 들어왔는지 조사했습니다.

그렇게 5일이 지난 후 그 소음원이 무엇인지 결론을 낼 수 있었습니다.

다음 날 새벽 5시에 해당 아파트로 향했습니다. 먼저 서장현 씨 윗집의 초인종을 눌렀습니다. 전날 윗집을 방문해 미리 양해를 구해놓은 상태였습니다.

"어제 말씀드린 대로 현관문을 열어두세요. 그리고 제가 전화할 때까지 계속 거실을 걸어 다니세요. 평소대로 행동하시면 됩니다."

"네, 소장님. 민원 해결을 위해 필요하시다니 그렇게 하겠습니다."

그런 다음 서장현 씨 집으로 내려갔습니다. 초인종을 누르자 서장현 씨가 반갑게 웃으며 저를 맞이했습니다.

"소장님, 마침 잘 오셨습니다. 제가 매일 듣던 무당 굿하는 소리가 들립니다. 한 번 들어보세요."

거실로 들어서니 북 치는 소리와 유사한 '둥둥둥' 소리가 선명하게 들렸습니다.

"분명 들리죠?"

"네, 들립니다. 근데 이건 무당이 굿하며 북 치는 소리가 아닙니다."

서장현 씨가 깜짝 놀라며 물었습니다.

"그럼 뭡니까?"

"윗집 사람의 발걸음 소리입니다. 윗집 사람이 걸을 때 발생하는 진동이 오래된 아파트 바닥 내부의 빈 공간에 전달되어 공명음 형태로 변한 겁니다. 그게 아랫집으로 전달되면 마치 무당이 북을 치는 것처럼 '둥둥둥' 하는 소리로 들리죠. 만약 무당이 굿을 하고 북을 쳤다면 이웃들한테 모두 들릴 만큼 클 겁니다. 하지만 제가 5일 동안 조사한 바로는 선생님 외에 피해를 봤다는 이웃이 없었습니다."

저는 반신반의하며 고개를 갸우뚱거리는 서장현 씨에게 말했습니다.

"지금 바로 윗집으로 올라가보세요."

잠시 후 윗집으로 올라간 서장현 씨는 열린 현관문을 통해 윗집 사람이 거실을 혼자 걷고 있는 모습을 보았습니다. 그가 놀란 표정으로 저에게 말했습니다.

"발걸음 소리가 이렇게 크게 울릴 줄은 꿈에도 몰랐습니다. 무당이 굿을 하는 게 아니라 다행이네요. 그동안 꿈자리가 뒤숭숭했거든요."

제가 서장현 씨에게 말했습니다.

"윗집 아저씨는 인근 시장에서 장사를 하고 있습니다. 물건을 경매 받기 위해 아침 일찍 집을 나서는 부지런한 분입니다. 아저씨한테는 제가 잘 말해두었습니다. 새벽에는 소리가 더 크게 들리니 조심해서 걸으시라고요. 성인이 무심코 내딛는 발걸음이 망치 소리보다 더 크게 들릴 수 있거든요. 그래서 '발망치'라고 하잖아요."

저는 이 민원을 받고 당사자들과 이웃을 조사하며 아파트의 구조적인 문제가 원인이라는 것을 알았습니다. 하지만 사람의 걸음 소리를 무당의 북 치는 소리로 여기며 1년 넘게 힘든 시간을 보낸 서장현 씨의 마음을 고려해 좀 더 신중하게 접근해야 한다고 판단했습니다. 자신의 믿음이 깨지면 상처를 받을 수 있기 때문입니다. 그래서 조심스럽게 서장현 씨가 소음원을 눈으로 직접 확인할 수 있도록 유도한 것입니다.

흔히 오래된 아파트에서 발생하는 '둥둥둥' 하는 소음은 시공할 때 슬래브 위에 설치하는 흡음재(완충재)가 오랜 하중의 압력으로 인해 완전히 없어졌거나 마모되었기 때문에 납니다. 이로 인해 크고 작게 형성된 공기층으로 소음과 진동이 전달되어 공명음으로 변형되는 것입니다. 이를 방지하기 위해서는 건설사가 콘크리트 양생 시 충분하게 작업을 해야 하고 성능이 우수한 완충재를 사용해야 합니다.

서장현 씨처럼 층간소음 피해가 1년 넘게 지속되면 소음원의 실체를 파악하기 어려워 혼란을 겪을 때가 있습니다. 무당이 북 치는 소리처럼 들릴 수도 있고, 바위가 '쿵'하고 떨어지는 소리, 벼락 치는 소리처럼 들릴 수도 있습니다. 서장현 씨가 별나거나 예민해서가 아닙니다. 서장현 씨가 환청을 듣고 있는 것 같지만 새벽같이 고요한 시간에 성인 남자가 쿵쾅쿵쾅 걷는 발망치 소리를 듣게 되면 누구나 비슷한 상황에 처할 수 있습니다. 이러한 점을 유념해 서장현 씨 같은 민원이 아랫집에서 들어오면 무시하거나 외면하지 말고 두께 5센티미터 이상 되는 매트를 바닥에 설치해주십시오. 이 작은 배려만으로도 서장현 씨 같은 분이 공명음의 공포에서 조금은 벗어날 수 있습니다.

층간소음 매트의 효과와 올바른 설치 방법

층간소음 매트는 소음 분쟁이 발생한 지 6개월 이내에 까는 게 효과적입니다. 일반적으로 두께 5센티미터 이상의 매트를 소음이 많이 일어나는 곳에 설치할 경우 25퍼센트 정도의 소음 저감 효과가 있습니다. 소음 분쟁이 발생한 지 1년이 경과한 경우에는 일반적으로 10퍼센트 정도의 소음 저감 효과가 있습니다. 설치 방법은 아래와 같습니다.

1 소음이 가장 심각한 곳에 설치합니다.

2 아랫집 거주자가 민원을 제기하는 곳에 설치합니다.

3 주로 통행이 많은 곳에 설치합니다(예들 들면 부엌과 안방 사이).

4 매트 두께는 5센티미터 이상이 효과적입니다.

5 반드시 아랫집과 의사소통한 후에 설치합니다.

6 여름에는 주 1회 이상 청소합니다(곰팡이 주의).

7 매트를 설치한 후에도 아이들이 뛸 경우에는 아랫집으로 소음이 전달될 수 있으니 주의합니다.

02

윗집의 윗집이 범인이라고요?

우리나라의 아파트는 대개 벽체가 일체형 구조로 된 내력벽(耐力壁)입니다. 내력벽은 건물 무게를 지탱하는 벽체로 철근 콘크리트입니다. 이에 반해 비내력벽은 건물 무게를 지탱하지 않고 단순히 방을 나누는 역할을 하는 벽체로 벽돌, 블록 또는 석고보드로 되어 있습니다. 일률적으로 말할 수는 없지만 거실과 침실, 주방 등 주요 공간 사이의 벽은 내력벽, 주방과 다용도실 사이의 벽은 대부분 비내력벽이라고 보시면 됩니다. 물론 아파트마다 다소 차이가 있기 때문에 정확한 것은 설계 도면을 봐야 알 수 있습니다. 이런 내력벽 때문에 아파트와 빌라 같은 공동 주택에서 오해가 오해를 낳기도 합니다.

"꼭 와주세요."

경기도의 한 아파트 7층에 사는 진미령(가명) 씨의 연락을 받고 현장을 방문한 시각은 저녁 9시였습니다. 그때가 소음이 가장 심하니 반드시 그 시간에 오기를 원하는 진미령 씨의 강한 요청이 있었기 때문입니다. 현장을 방문하기 전, 이 상황에 대해 어떻게 대응하고 있는지 파악하기 위해 관리사무소를 찾아갔습니다. 관리사무소 담당 직원이 말했습니다.

"두 집이 6년째 층간소음으로 분쟁을 하고 있는데, 저흰 포기했어요. 그리고 지금 바빠요."

짧은 대답과 짜증 섞인 말투는 곧 방문할 민원 현장이 얼마나 어려운 상황인지를 예고했습니다.

진미령 씨의 집에 도착한 시간은 9시 10분 정도였습니다. 30대 여성 직장인인 진미령 씨는 제가 거실에 앉자마자 심각한 표정으로 이야기하기 시작했습니다. 진미령 씨가 얘기하는 여러 문제 중 가장 심각한 것은 밤 10시 이후에 뛰어다니는 소리였습니다.

"제가 퇴근하고 오면 8시 정도예요. 몸이 피곤해 좀 쉬어야 하는데, 아이들 뛰어다니는 소리에 정신이 하나도 없어요. 잠을 못 자니 수면부족에 면역력은 더 떨어지고요. 병이 나을 기미가 안 보여요. 여기 병원 진료 내용 좀 보세요. 이게 다 제가 먹는 약이에요."

잔뜩 쌓여 있는 약봉지가 사태의 심각성을 보여주고 있었습니다. 진미령 씨와 이야기를 나누는 동안 저 역시 아이들이 뛰어다니는 소리를 들을 수 있었습니다.

진미령 씨가 더 화를 내는 이유는 따로 있었습니다. 사실 두 집은 진미령 씨가 처음 이사 왔을 때부터 서로 음식을 나눠 먹을 정도로 친했습니다. 그런데 윗집 아이들이 자라면서 층간소음이 심해졌고, 몇 번 이 문제를 거론했지만 무시당했다고 합니다. 심지어 분명히 아이들 뛰는 소리가 들리는데도 윗집 새댁은 9층 아이들이 뛰는 소리라며 거짓말을 한다고 했습니다.

　"아니, 어떻게 바로 윗집도 아니고 윗집의 윗집 소리가 여기까지 이렇게 크게 들리겠어요? 거짓말을 해도 유분수지. 제가 확인해봤는데 9층 애들은 밤 9시면 자더라고요. 제가 똑똑히 확인했어요."

　진미령 씨의 이야기를 다 듣고 나서 8층의 초인종을 눌렀습니다. 안으로 들어서니 이 집과 아랫집이 얼마나 치열한 전쟁을 벌이고 있는지 알 수 있었습니다. 거실과 안방, 작은방, 부엌까지 모든 곳에 두께가 5센티미터나 되는 매트를 깔아놓았습니다. 그리고 아이들은 이미 잠을 자고 있었습니다. 아랫집이 너무 예민하게 항의해서 큰돈 들여 매트를 설치하고 애들도 밤 9시 전에 재운다고 했습니다. 그런데도 계속 항의하고 민원을 넣는다며 오히려 제게 하소연을 했습니다.

　"벨이 울릴 때마다 깜짝깜짝 놀랍니다. 저희도 윗집 사람들이 내는 발망치 소리 때문에 힘듭니다. 게다가 아랫집에서까지 수시로 항의를 하니 스트레스가 이만저만 아닙니다. 그 스트레스 때문인지 얼마 전 아내가 유산까지 했습니다."

　남편의 말에 아내는 소리 없이 울었습니다. 아내의 눈물을 보니 층간소음으로 얼마나 스트레스를 받는지 짐작할 수 있었습니다. 상담 도중 제 귀에도 윗집의 발망치 소리와 쿵쾅거리는 소리가 들렸습니다.

확실한 해결 방법이 필요하다고 느꼈습니다. 그래서 자는 아이들까지 모두 깨워 진미령 씨네 현관 앞에 있으라고 했습니다. 그리고 제가 전화할 때까지 어떤 소리도 내지 말라고 당부했습니다.

그런 다음 진미령 씨에게 전화를 걸어 이렇게 말했습니다.

"아이들 뛰는 소리가 들리면, 바로 전화 주세요."

잠시 후, 진미령 씨에게서 전화가 왔습니다.

"또 쿵쾅쿵쾅하는 소리가 들려요."

진미령 씨는 매일 듣는 소음이라며 짜증을 섞어 말했습니다. 전화를 끊으며 또 소음이 들리면 한 번 더 전화를 달라고 부탁했습니다. 이런 식으로 진미령 씨에게서 세 번째 전화가 왔습니다. 진미령 씨는 8층 아이들이 뛰는 소리가 확실하다고 말했습니다. 제가 대답했습니다.

"지금 8층 아이들 뛰는 소리가 확실하다는 거죠?"

"그렇다니까요. 매일 저를 괴롭히는 그 소리가 맞아요."

"자, 그럼 전화 끊지 말고 현관문을 열어주세요."

그러고는 즉시 아랫집으로 내려갔습니다. 두 가족이 현관문 앞에서 서로를 바라보고 있었습니다. 그동안의 소음원이 8층이 아니었다는 게 증명되는 순간이었습니다. 윗집 남편은 오해가 풀려서 다행이라며 연거푸 인사를 했고, 아내는 웃음 반 울음 반 목소리로 고마움을 표했습니다.

일주일 후, 진미령 씨는 결의에 찬 목소리로 소음원을 정확히 알았으니 8층과 공동 대응을 하겠다고 선언했습니다. 8층에는 아이들이 좋아하는 장난감을 잔뜩 사 들고 가서 진심으로 사과했다고 덧붙였습니다.

통상적으로 바로 윗집에서 발생하는 충격음인지, 아니면 윗집의 윗집에서 발생하는 소음인지 구분하는 가장 손쉬운 방법은 벽에 손을 밀착해보면 됩니다. 바로 윗집이 소음원일 경우에는 진동이 강하게 느껴집니다. 반면 윗집의 윗집일 경우에는 소음만 전달되고 진동은 느껴지지 않습니다. 민원인의 집에서 벽에 손을 밀착시켰을 때 진동은 없고 소음만 강하게 느껴졌기 때문에 저는 소음원이 8층이 아니라고 판단했던 것입니다.

층간소음을 겪고 있다면 그 소음원의 출처를 분명하게 살펴보고 접근하는 것이 매우 중요합니다. 그러나 소음원의 근원은 바로 윗집일 확률이 65퍼센트 정도라는 것을 부인해서는 안 됩니다. 즉, 내가 듣는 소음은 나머지 35퍼센트의 확률로 윗집과 윗집의 옆집, 윗집의 윗집에서 발생하는 소리일 수도 있습니다.

03

아이도 층간소음으로 고통받아요

층간소음 상담을 하다 보면 긴박하게 상황을 파악해 빠른 해결책을 제시해야 하는 경우가 종종 있습니다. 이번 사건도 그중 하나입니다. 윗집 소음 때문에 몇 차례 상담을 진행한 적 있는 40대 여성 김지영(가명) 씨가 어느 날 갑자기 폭행 가해자가 될 뻔한 이야기입니다.

"세상에, 아랫집 여자가 엘리베이터에서 우리 아이를 때렸다지 뭐예요."

경찰서로 걸려온 전화 한 통. 신고 내용은 이러했습니다. 아랫집에 거주하는 김지영 씨와 윗집에 사는 초등학생이 함께 엘리베이터에 탔는데, 그 안에서 아이가 맞았다는 것입니다. 경찰은 사건을 조사하기 위해 가해자로 지목된 김지영 씨를 찾아갔습니다.

"폭행 신고가 들어왔습니다."

"네? 무슨 말씀이신지……."

김지영 씨는 한사코 아이를 때린 적이 없다며 펄쩍 뛰었습니다.

"말도 안 돼요! 저는 아이한테 손끝 하나 대지 않았다고요."

구타를 당했다고 주장하는 아이와 손끝 하나 댄 적 없다는 김지영 씨. 도대체 그날 엘리베이터에서 무슨 일이 있었던 걸까요?

폭행 가해자로 지목된 김지영 씨의 윗집에는 초등학생 아이를 둔 가족이 살고 있었습니다. 아이가 성장하면서 활동량은 점점 많아졌고, 김지영 씨는 극심한 층간소음에 시달리게 됐습니다.

"아이한테 조금만 주의를 주실 수 없을까요?"

처음에는 조심스럽게 부탁했습니다. 과일과 음료를 가져다주고, 관리사무소의 도움도 받았습니다. 하지만 층간소음 문제는 여전히 해결될 기미가 보이지 않았고, 참다못해 저에게까지 연락을 했습니다.

"소장님, 제가 너무 예민한 건가요? 주변에서도 조금만 참으라고 하는데, 이제는 그 말도 듣기가 싫어요. 집에 있는 게 너무 괴로워요."

김지영 씨는 1년 넘게 윗집에서 발생하는 층간소음에 시달리고 있었습니다. 편히 쉬어야 할 집이 지옥처럼 느껴졌습니다. 그래서 윗집 아이와 함께 엘리베이터를 탔을 때도 좋은 말이 나올 수 없었습니다.

"얘, 밤에는 좀 조용히 할 수 없니? 정말 시끄러워 못살겠다."

"아줌마, 저 그렇게 막 안 뛰거든요?"

"아니, 얘가……."

엘리베이터에서 내린 김지영 씨는 아이의 행동에 고개를 절레절레 저으며 집으로 들어갔습니다. 그런데 갑자기 폭행 신고라니, 기가 막힐 노릇이었습니다.

"말도 안 돼요. 누가 누굴 때려요?"

"우리 애가 맞았으니까 맞았다고 하지, 없는 얘길 지어냈을까 봐요?"

날선 설전이 오갔습니다. 한쪽은 맞았다고 주장하고, 한쪽은 한사코 때린 적이 없다고 하니 난감한 상황이었습니다.

당황한 김지영 씨는 황급히 제게 전화를 걸었고, 그 떨리는 목소리를 들은 저도 덩달아 긴장이 됐습니다. 그렇지 않아도 층간소음으로 큰 스트레스를 받고 있었는데, 경찰까지 찾아오니 더욱 혼란스러운 것 같았습니다. 저는 서둘러 자초지종을 물었고, 곧바로 해결책을 제시했습니다.

"별일 아닙니다. 엘리베이터 CCTV를 확인해보시죠. 단, 모두가 있는 곳에서 함께 확인해야 합니다."

저는 큰일 아니라는 듯 최대한 침착한 목소리로 말했습니다. 당황해하는 김지영 씨를 진정시키기 위해서였습니다. 상담자인 제가 놀라거나 불안해하는 모습을 보이면 민원인은 더욱 당황할 수밖에 없습니다. 그리고 무엇보다 엘리베이터에 설치한 CCTV를 통해 객관적 증거를 확보한다면 시시비비가 명확하게 가려질 터였습니다.

"어머……."

엘리베이터 CCTV를 확인한 아이 엄마는 입을 다물 수밖에 없었습니다. CCTV 영상에서는 일정한 거리를 두고 대화하는 모습만 찍혔을 뿐 폭행 흔적은 전혀 찾아볼 수 없었기 때문입니다. 초등학생은 왜 이런 엄청난 거짓말을 한 것일까요?

"아줌마를 신고하면 이 아파트에서 쫓겨날 줄 알고……."

맞았다고 신고하면 층간소음으로 자신을 괴롭히는 아랫집 아줌마가 아파트에서 쫓겨날 줄 알았다는 것입니다.

"조용히 해! 아랫집에서 또 올라온단 말이야."

"뛰지 말랬지! 엄마가 너 때문에 살 수가 없다, 정말."

매일 반복되는 엄마의 잔소리와 아랫집의 항의로 엄청난 스트레스에 시달려야 했던 아이. 그 스트레스를 참다못해 급기야 이런 거짓말까지 하게 된 것입니다.

"정말 죄송합니다. 우리 아이가 거짓말을 한 줄도 모르고……."

"아닙니다. 저도 아이가 이렇게 스트레스를 받는 줄 몰랐어요."

층간소음은 해결하기 쉽지 않은 문제지만, 아무리 심각한 상황이라도 진심 어린 친절한 말 한마디에서 해결의 실마리를 찾을 수 있습니다. 층간소음은 대부분 감정의 문제이기 때문입니다. 이 사건 역시 층간소음으로 인한 문제가 불신으로 이어져 서로의 말을 의심한 데서 비롯되었습니다. 다행히 사건 이후 아랫집과 윗집의 관계는 더 이상 악화되지 않았습니다. 윗집은 층간소음을 줄이기 위해 더 노력하는 모습을 보였고, 김지영 씨 또한 아이의 마음을 어느 정도 이해하게 되었습니다.

층간소음에 시달리는 아랫집 사람들은 퇴근 길에 윗집의 불이 켜져 있는 걸 보거나, 조금이라도 쿵쿵거리는 소리가 들리면 금세 공포에 사로잡히곤 합니다. 아랫집이 이러한 두려움을 갖는 것과 마찬가지로 윗집 사람들 역시 아랫집의 잦은 항의와 방문에 두려움을 느낍니다. 더 심각하게는 아랫집 사람이 아이에게 나쁜 짓을 할까 봐 가슴을 졸이는 경우도 부지기수입니다.

이 사건 역시 위·아랫집의 극심한 공포와 두려움이 발단이라고 할 수 있습니다. 층간소음이 영원히 지속될 것 같은 아랫집의 두려움, 작은 소리만 내도 초인종이 울릴 것 같은 윗집의 공포가 이런 황당한 사건을 일으킨 것입니다. 누구의 고통이 더 크다고 말할 수 있을까요? 층간소음의 영원한 난제가 아닐 수 없습니다.

04

층간소음 때문에 엄마가 돌아가셨어요

서울의 한 구청 민원 담당자에게서 다급한 전화가 걸려왔습니다.

"소장님, 심각한 층간소음 민원인이 있어 전화드렸습니다. 민원인의 주장에 따르면 자신의 모친이 윗집의 층간소음 때문에 돌아가셨다고 합니다. 민원인이 엄마를 죽인 원수를 갚겠다고 큰소리 치고 있는데 큰 사건이 발생하지 않을까 걱정입니다. 소장님, 최대한 빨리 현장을 방문해주십시오."

다음 날 민원인인 송미숙(가명) 씨를 만났습니다. 송미숙 씨의 목소리는 조금은 침울하고 어눌하면서 기어 들어가는 듯했습니다.

"층간소음 때문에 엄마가 죽었어요. 저도 곧 죽을 거예요."

송미숙 씨는 남편과 이혼하고 불면증에 시달렸습니다. 잠을 자지 못해 힘들어하자 친정엄마가 자신의 집에서 함께 지내자고 했습니다.

그동안 힘들었던 것 다 잊고 편안하게 살기를 바랐지만 송미숙 씨의 불면증은 더욱 심해졌습니다. 바로 윗집에 사는 70대 할머니 때문이었습니다. 잠을 이루지 못해 이리저리 뒤척이다 새벽 4시쯤이 되어서야 겨우 잠들 만하면 어김없이 들려오는 윗집 할머니의 쿵쿵쿵 발망치 소리. 그뿐만 아니라 화장실 물 내리는 소리, 문 여닫는 소리도 너무 크고 선명하게 들렸습니다. 송미숙 씨는 몇 번이고 윗집에 올라가 부탁도 하고 항의도 했지만 좀처럼 나아지지 않았습니다.

"네가 예민해서 그래. 금방 익숙해질 거야."

평소 윗집 할머니와 친분이 있던 엄마도 처음에는 딸을 설득했습니다. 하지만 송미숙 씨의 상태가 점점 나빠지자 직접 나서기 시작했습니다. 딸이 층간소음으로 괴로워할 때마다 윗집으로 올라가 심하게 다투었습니다. 딸이 오기 전까지 친하게 지내던 이웃이 하루아침에 원수가 된 것입니다.

어느 날 새벽, 딸이 층간소음으로 잠을 이루지 못하고 끙끙대는 소리에 잠이 깬 어머니는 화장실에 가기 위해 침대에서 일어났습니다. 그런데 그만 발을 헛디뎌 뒤로 넘어지며 침대 모서리에 머리를 부딪쳤고, 송미숙 씨가 급하게 병원으로 데려갔지만 끝내 숨지고 말았습니다.

'이게 다 윗집 할머니 때문이야. 저 할머니가 고의로 층간소음을 일으켜서 엄마와 내가 잠도 못 자게 된 거야. 엄마를 죽인 범인은 윗집 할머니야.'

이때부터 송미숙 씨는 "윗집에서 고의로 소음을 일으킨다. 저 소음 때문에 우리 엄마가 죽었다"며 새벽 4시만 되면 경찰에 신고하기 시작했습니다. 하루에 세 번 넘게 경찰에 신고하는 날도 많았습니다. 또 하루 세 번은 반드시 윗집으로 올라가 초인종을 누르며 항의했습니다.

윗집 할머니는 송미숙 씨의 잦은 방문과 신고를 견디다 못해 그녀를 고소하고 관리사무소나 이웃에게는 억울함을 토로했습니다.

"저년은 미친년이야. 지 엄마를 죽여놓고 내 핑계를 대고 있어."

상황을 모두 파악한 저는 윗집 할머니를 만나 이사를 설득했습니다.

"내가 왜 이사를 가! 저 미친년이 이사를 가야지."

두 여인의 팽팽한 줄다리기가 위험천만한 상태까지 와 있다고 판단한 저는 관리사무소를 통해 윗집 자녀들에게 연락을 취했습니다. 그리고 송미숙 씨와 할머니의 상황을 설명하며 이사를 권유했습니다. 송미숙 씨도 상태가 좋지 않았지만 칠순이 넘은 할머니의 건강과 정신도 피폐해 있었기 때문입니다.

"그러지 않아도 어머님을 다른 곳으로 모실 생각이었습니다."

할머니가 이사를 간 날 송미숙 씨로부터 전화가 왔습니다. 그녀의 목소리는 힘이 넘쳤고, 밝은 웃음소리도 들렸습니다. 마치 층간소음이라는 단어를 잊어버린 사람 같았습니다.

층간소음을 겪고 있는 사람은 하루하루가 전쟁터 같습니다. 상대를 죽이지 않으면 상대가 나를 죽이는 끔찍한 살육의 현장. 그만큼 살벌하고 치열합니다. 어머니를 죽인 원수를 갚겠다고 배수진을 치며 달려드는 송미숙 씨와 그녀의 거센 항의에도 불구하고 생활 방식을 전혀 바꾸려 하지 않는 윗집 할머니의 팽팽한 기싸움은 다행히 끝이 났습니다.

　　저는 층간소음이 승자와 패자가 없는 끝없는 전쟁이라고 생각합니다. 이번 전쟁은 송미숙 씨의 승리로 돌아갔습니다. 하지만 송미숙 씨는 여전히 전쟁 중입니다.

05

개 짖는 소리, 어찌하오리까

요즘은 층간소음과 더불어 '층견(層犬) 소음'에 대한 민원이 증가하고 있는 추세입니다. 그동안 층간소음의 주원인은 아이들 뛰는 소리가 1위, 어른들 걷는 소리가 2위, 화장실 급·배수 소리가 3위였는데, 어느새 층견 소음이 3위로 떠올랐습니다. 층견 소음은 2000년 초반부터 꾸준히 제기되었지만 반려견을 키우는 인구가 늘어나고 인식도 변해 점점 증가하고 있습니다.

인천의 한 아파트에서 층견 소음에 관한 조정 의뢰가 들어와 방문했습니다. 이 아파트는 주민들을 주축으로 층간소음위원회가 구성되어 있을 정도로 층간소음에 관한 인식이 높은 곳이었습니다. 도착해 보니 강아지를 가슴에 안은 20대 초반 여성 강진희(가명) 씨와 40대

남성 백기상(가명) 씨가 설전을 벌이고 있었습니다. 백기상 씨가 입을 열었습니다.

"소장님, 윗집 개가 얼마나 짖어대는지 집에 있을 수가 없어요. 또 사람이 집에 오면 좋다고 뛰어다니며 바닥을 긁어대는 소리가 어찌나 괴기스러운지……."

강진희 씨도 할 말은 있었습니다.

"신경을 쓴다고 하는데 잘되질 않아요. 아랫집에서 우리 강아지 소리가 시끄럽다며 인터폰을 자주 하셔서 외출할 때는 가능하면 데리고 다녀요. 근데 어쩔 수 없이 혼자 두고 나갈 때가 있어요. 그때는 이 방 저 방 뛰어다녀 작은방에 목줄을 해두긴 하는데, 그것도 잘되지 않아요. 저 없이 혼자 있는 게 너무 불쌍하기도 하고……."

"개는 불쌍하고 저는 불쌍하지 않나요? 저 개 때문에 하루도 편한 날이 없다고요. 그리고 개를 아파트에서 키우면 어쩌자는 거예요? 아파트에서 개를 키우는 건 불법이라는 거 몰라요? 도덕 시간에 졸았어요? 그래도 정 키우고 싶다면 이웃한테 피해를 주지 않도록 성대 수술을 하거나 무슨 방법을 취해야죠."

"성대 수술이라뇨? 그런 끔찍한 막말을……."

싸움이 커질 것 같자 위원장이 말렸습니다.

"소장님, 다른 방법이 없을까요? 현장 경험이 많으시잖아요."

제가 말했습니다.

"현재 강진희 씨는 자신이 키우는 개를 가족과 같은 존재로 인식하고 계십니다. 그래서 성대 수술을 하거나 가두어 키우는 걸 받아들이기 쉽지 않을 겁니다. 강아지 소음을 줄이는 몇 가지 방법을 알려드릴 테니 꼭 노력해주시기 바랍니다."

저는 우선 강아지가 주로 생활하는 거실에 펫 매트(pet mat)를 깔 것을 권유했습니다. 그리고 강아지를 혼자 두고 외출할 때는 반드시 외부 창문을 닫고 라디오나 TV 소리를 약하게 틀어놓으라고 했습니다. 라디오나 TV 소리가 들리면 반려견은 집에 누군가와 함께 있다고 생각합니다. 그래서 잘 짖지 않습니다.

그나마 백기상 씨의 경우는 사정이 좀 나은 편입니다. 강아지를 많이 키우는 어느 오피스텔에서는 한 마리가 울면 옆집 개도 울고, 아랫집 윗집 개도 덩달아 우는 통에 그야말로 '개판'이 되어 못살겠다는 민원이 있었습니다. 앞으로 층견 소음 문제는 더욱 커질 것입니다. 정부나 민간 차원에서의 대책과 관리가 필요합니다.

06

100킬로그램 남편의 뛰기와
40킬로그램 부인의 걷기

"제가 걷는 소리가 아니라니까요!"

유민성(가명) 씨는 억울해하며 제게 소리쳤습니다. 얼핏 보기에도 100킬로그램이 훨씬 넘는 유민성 씨는 이사 온 다음 날부터 아랫집의 항의를 수시로 받아야 했습니다.

"그럼 누구냔 말이에요? 아저씨가 '쿵쿵쿵' 하며 걷는 소리를 들을 때마다 심장이 벌렁벌렁거린단 말이에요. 덩치는 산만 해가지고…… 좀 조심해서 걸으면 어디가 덧나요?"

아랫집은 그동안 쌓인 불만을 거침없이 이야기했습니다.

"아주머니, 저도 층간소음 피해자예요. 예전 살던 집에서 윗집 소음 때문에 힘든 생활을 보냈어요. 나라도 그렇지 하는 마음으로, 걸을 때는 앞꿈치로 항상 조심조심 걷고 있다고요."

"참 어이가 없네. 사람을 바보로 아나……."

싸움이 격해질 듯해 제가 먼저 제안을 했습니다.

"자, 그럼 이렇게 해보죠."

저는 우선 아주머니를 설득해 집으로 돌려보냈습니다. 혹시 몰라 관리소장과 이웃 한 분이 동행하도록 했습니다. 그리고 유민성 씨에게 전화를 걸어 평소대로 걸어보라고 했습니다. 유민성 씨가 5분가량 걸었음에도 불구하고 아랫집 아주머니는 아무런 반응이 없었습니다.

저는 밖으로 나와 유민성 씨에게 전화를 했습니다.

"아내분에게 3분 정도 걸어보라고 하세요."

전화를 끊고 아랫집으로 들어가자 난리가 났습니다.

"소장님, 빨리 오세요. 바로 이 소리예요!"

저는 방금 그 소리가 유민성 씨가 아닌 아내의 것이라고 설명했습니다. 그리고 앞서 유민성 씨가 5분 정도 걸어다녔다는 사실도 덧붙였습니다.

"네? 그게 사실이에요? 그 집 아내분은 몸무게가 40킬로그램도 안 되어 보이던데요? 어떻게 몸무게가 반밖에 안 되는데 소리가 더 클 수 있죠? 듣고도 못 믿겠네요."

층간소음은 순간적으로 내리찍는 충격력과 그 접촉 면적에 따라 전달 강도가 달라집니다. 유민성 씨의 몸무게는 아내보다 두 배 넘게 많지만 앞꿈치로 걷기 때문에 강도와 접촉 면적이 작아 전달력이 약했습니다. 반면 아내는 뒤꿈치로 걷는 습관 때문에 그 전달력이 강했던 것입니다. 이렇게 걷는 방법에 따라 바닥에 가해지는 충격음은 차이가 있습니다.

여러분이 걷는 모습을 영상으로 한 번 찍어보세요. 앞꿈치를 이용해 걸어보고, 뒤꿈치를 이용해 걸어보기도 하세요. 그리고 그 소리를 잘 들어보세요. 소리가 확연하게 다르다는 걸 알 수 있을 겁니다. 여러분이 무심코 걷는 뒤꿈치 소리가 바닥을 타고 아랫집 사람들에게 들릴 때는 저주파로 변합니다. 쿵쿵 울리며 심장을 뛰게 만들고 신경을 거슬리게 합니다.

앞꿈치를 이용해 걸어보세요. 뒤꿈치를 살짝 들고 걸으면 됩니다. 처음에는 중심을 잡기가 쉽지 않지만 몇 번 반복하다 보면 자연스럽게 될 겁니다. 이 걸음법이 어느 정도 익숙해지면 그때는 발바닥 전체를 이용해 걷는 연습을 해보세요. 발에 체중을 싣지 않고 바닥을 쓸듯이 걷는 데 익숙해지면 더 이상의 민원은 받지 않을 겁니다.

올바른 슬리퍼 착용 방법

소음 분쟁이 발생하고 6개월 이내에 착용하는 게 효과적입니다. 일반적으로 두께 3센티미터 이상의 슬리퍼를 착용할 경우 20퍼센트 정도의 소음 저감 효과가 있습니다. 소음 분쟁이 발생하고 1년이 경과한 경우에는 일반적으로 10퍼센트 정도의 소음 저감 효과가 있습니다. 착용 방법은 아래와 같습니다.

1 집 안에 들어오면 슬리퍼 착용을 습관화합니다.

2 반드시 아랫집과 의사소통한 후에 착용합니다.

3 슬리퍼 두께는 3센티미터 이상이 효과적입니다.

4 슬리퍼를 착용해도 아이들이 뛸 경우에는 아랫집으로 소음이 전달될 수 있습니다.

5 슬리퍼 아랫단이 바닥에 끌리지 않도록 주의합니다.

6 너무 딱딱한 소재의 슬리퍼는 오히려 소음을 더 유발시킬 수 있습니다.

07

우리 엄마보고 정신병자래요

"우리 엄마 이야기를 다들 제대로 듣지 않아요. 엄마는 집에서 거의 잠을 못 자요. 윗집은 엄마가 퇴근해서 들어오는 시간에 맞춰 일부러 소음을 내요. 저도 시끄러워서 집에서는 공부를 못해요. 주위 사람들은 엄마가 정신적으로 예민하다고 해요. 어떤 사람은 엄마를 정신병자라고 손가락질해요. 정말 화가 나요."

황성미(가명) 씨의 초등학생 아들 민석(가명) 군이 제게 해준 말입니다. 황성미 씨는 3년째 층간소음에 시달리고 있습니다. 가끔 공황 상태를 겪기도 합니다. 윗집에서 들려오는 소음이 심한 날은 한숨도 못 자고 뜬눈으로 밤을 지새우다가 출근하기도 합니다. 저는 황성미 씨에게 민석 군을 방으로 들여보내도록 한 후 상담을 이어갔습니다. 민석 군이 몹시 화가 나 있었기 때문입니다.

"어머님, 아드님이 왜 이렇게 흥분해 있는 거죠?"

황성미 씨가 대답했습니다.

"제가 오늘 소장님을 보자고 한 것도 아들 문제 때문입니다. 남편과 저는 아침 일찍 출근해서 잘 몰랐는데, 이웃들의 말에 따르면 저희 집에서 음악 소리가 크게 들린다고 하더군요. 소리가 너무 커서 생활하기가 힘들다고 말들이 많습니다. 아이가 일부러 그러는 것 같습니다. 아빠와 제가 아무리 주의를 줘도 듣질 않습니다. 어떻게 하면 좋을지 몰라 고민 끝에 소장님께 연락을 드린 겁니다."

어머니에게 물었습니다.

"혹시 층간소음 문제로 관리사무소나 구청 직원들이 방문했을 때 아드님도 함께 상담을 받은 적이 있나요?"

"있어요. 제가 아무리 층간소음 때문에 힘들다고 해도 사람들이 믿지를 않으니 소음이 들릴 때마다 아들에게 말을 하고 증인이 되도록 했습니다. 근데 그게 무슨 잘못이라도 되나요?"

민석 군은 엄마가 층간소음으로 괴로워하는 것을 자주 듣고 보았습니다. 이로 인해 윗집에 대한 감정이 나빠졌고 엄마를 정신병자라고 비난하는 주위 사람들에게 적개심도 생겼습니다. 그리고 층간소음을 당하기만 하는 엄마가 싫어 자신만의 복수를 계획했습니다. 학교 갈 때 록 음악을 가장 크게 틀어놓고 집을 나서기 시작한 것입니다.

이 때문에 이웃들은 3개월째 음악 소리에 시달리고 있었습니다. 몇 번의 대책 회의를 하고 황성미 씨 부부에게도 몇 차례 부탁했지만, 아무 소용이 없었습니다.

"이젠 아들이 저보다 충간소음에 더 예민하게 반응하는 것 같습니다. 괜히 가만히 있는 아들에게 충간소음을 알게 한 것 같아 정말 후회됩니다. 소장님, 제발 우리 아이를 좀 말려주세요. 지금 이웃들이 201호에 모여 우리 집 아이 문제로 대책을 세우고 있다고 합니다."

황성미 씨와 상담을 마친 후 이웃들이 모여 있는 201호로 향했습니다. 밤 10시가 다 되어가는 늦은 시간임에도 사태가 심각해서인지 주민들이 열띤 토론을 하고 있었습니다.

"소장님, 저는 동 대표를 맡고 있는 김인수(가명)입니다. 제가 동 대표이면서 황성미 씨 바로 윗집에 살고 있습니다. 요즘은 아예 충간소음을 내지 않으려고 밤 9시만 되면 온 가족이 잠을 잡니다. 그리고 주말에는 주로 야외에서 잠을 자고 옵니다. 이젠 충간소음 문제가 아니라 음악 소리 때문에 저희 동 사람들의 피해가 큽니다. 그래서 이 늦은 시간에 답답한 심정으로 다들 모여 있습니다. 방법을 좀 말씀해주십시오. 지금 여기 모인 사람들은 다들 경찰에 신고해서 경범죄 처벌이나 형사 고발을 하자고 합니다. 초등학생에게는 지나친 처사일 수도 있지만, 다른 방법이 없지 않습니까?"

제가 말했습니다.

"방법이 없지는 않습니다."

"좋은 묘책이라도 있습니까?"

"그럼 제가 말하는 대로 다들 협조해주실 수 있겠습니까? 어찌 보면 간단한 일입니다. 서로 감정을 다치지 않고 해결할 수 있는 방법이기도 하고요."

주민들이 제 말에 귀를 기울이기 시작했습니다. 저는 주민들을 향해 이야기를 이어갔습니다.

한 달이 지난 후, 그 아파트를 다시 방문해 동 대표를 만났습니다.

"소장님, 그때는 설마 그런 방법이 무슨 소용이 있겠나 싶었습니다. 그런데 말씀해주신 대로 하고 난 며칠 뒤부터 음악 소리가 들리지 않았습니다. 정말 저희 동을 대표해서 감사드립니다."

저는 이 사건을 접할 때 가장 중요한 점은 민석 군의 상한 감정을 회복시키는 것이라고 판단했습니다. 그 해결 방법은 이웃 사람들이 민석 군에게 진심으로 사과하는 것이었습니다. 그래서 아파트 입구에서 하교하는 민석 군을 기다렸다가 함께 간단한 음식을 먹으며 대화할 것을 주문했습니다.

동 대표의 말에 의하면 주위 어른들에게 둘러싸인 민석 군이 처음에는 경계심을 나타냈다고 합니다.

"이 아줌마가 잘못했어. 다음부터는 절대 네 엄마를 비난하거나 욕하지 않을게. 용서해주렴."

"아저씨가 좀 더 조심할게. 그리고 이거 좀 먹어봐."

시큰둥하던 민석 군도 이웃들이 몇 날 며칠 진심으로 사과하자 조금씩 마음을 풀었습니다. 그리고 얼마 후에는 눈물을 흘리며 사과했습니다.

"저도 다시는 음악 틀어놓고 나가지 않을게요. 그동안 죄송했습니다."

08

벽 치는 소리, 범인이 너였어?

현장에 나가 층간소음 상담을 하다 보면 다양한 사람의 다양한 인생 이야기를 듣곤 합니다. 그 속에는 인생의 희로애락이 다 담겨 있습니다. 여든이라는 긴 세월의 강을 건너온 홍난옥(가명) 할머니와의 만남은 그래서 더욱 기억에 남습니다.

할머니가 이 아파트에 온 것은 8년 전이었습니다. 자식들을 출가시키고, 몸이 불편한 할아버지와 작은 평수로 이사를 왔습니다. 이사 오기 전까지 할머니는 층간소음을 모르고 살았습니다. 오직 할아버지를 병간호하고 남는 시간에는 인근 노인정을 다니는 평범한 생활을 했습니다. 시간이 지날수록 할아버지의 몸은 더 불편해졌고, 결국 요양원으로 가셨습니다.

그러던 어느 날 할머니가 화장실에서 옷가지를 손으로 빨고 있는데, 갑자기 전화벨이 울렸습니다. 할아버지의 임종이 가까웠으니 빨리 오라는 연락이었습니다. 할머니는 빨래를 하다 말고 급히 요양원이 있는 대구로 내려갔지만 이내 할아버지는 돌아가셨습니다. 장례를 치른 할머니는 무거운 마음으로 집으로 돌아왔습니다.

사건의 시작은 이때부터였습니다. 할머니가 경황없이 급하게 병원으로 가는 바람에 화장실에서 사용하던 물을 그대로 틀어놓았던 것입니다. 화장실에서 넘친 물은 거실과 방으로 흘렀고, 집 안이 물바다가 되어 있었습니다. 집 안을 대충 정리하고 나니, 관리소장으로부터 전화가 왔습니다.

"왜 이렇게 연락이 안 되셨나요? 지금 아랫집 천장에 물이 계속 떨어지고 있어요. 집 안에 무슨 일이 있나요?"

그날 저녁 화가 잔뜩 난 아랫집 사람, 관리소장과의 삼자대면이 있었습니다. 할머니는 연신 죄송하다며 사과했고, 깨끗하게 수리를 해주겠다고 약속하며 겨우 아랫집 사람을 달랬습니다.

가족 잃은 마음을 미처 돌볼 겨를도 없이 한 달이 지났고, 아랫집 천장 공사도 잘 끝났습니다.

그런데 이때부터 갑자기 할머니의 집 벽을 툭툭 치는 소음이 들리기 시작했습니다. 처음에는 아랫집 공사가 남은 줄 알고 무심히 넘겼습니다. 그러나 벽을 치는 듯한 소음은 한 달간 계속되었습니다. 어떤 날은 아랫집에서 천장을 치는 듯한 소음이 들렸고, 새벽 5시만 되면 드릴 소음이 하루도 빠지지 않고 들렸습니다.

할머니는 3년간 소음에 시달리며 세 번이나 병원에 입원했고, 심장병이 생겨 약을 먹지 않고는 잠을 잘 수 없는 지경에 이르렀습니다. 결국 경찰과 함께 아랫집으로 찾아갔으나 아랫집 사람은 집에 있는 것 같은데도 문을 열어주지 않아 만나지 못했습니다. 또 경찰이 다녀간 날만은 소음을 내지 않았습니다. 할머니는 자신을 가지고 노는 듯한 아랫집이 얄미웠습니다.

현장에서 상담해보니, 벽을 치는 소음은 새벽에 유난히 크게 들렸고, 특히 겨울에는 더 심하다고 했습니다. 할머니는 아랫집 사람이 일부러 그런 소음을 내는 것 같다고 했습니다. 할머니의 말대로 아랫집에서 벽을 치는 거라면 아랫집의 바로 옆집이 더 심한 고통에 시달릴 터였습니다. 더욱이 새벽에 울리는 소음이라면 인근 집 대부분이 피해를 보는 상황이라고 판단했습니다.

먼저 아랫집을 방문했으나 사람이 없었고, 그 옆집에 물으니 놀랍게도 소음 피해가 전혀 없다고 대답했습니다. 그래서 할머니에게 상황을 설명하고 일단 현장을 빠져나왔습니다. 그날 아랫집 사람이 그의 집에 꽂아둔 제 명함을 보고 밤 10시경에 전화를 주었습니다.

"저는 30대고요, 혼자 살고 있어요. 지방 출장이 많은 일을 하고 있어서 집에는 일주일에 3일 정도만 들어와서 잠만 자고 나가곤 해요. 소음에 대해서는 관리소장님에게서 들었습니다만, 저는 소리를 낸

적이 없어요. 그리고 내일도 출장을 가서 3일 후에나 돌아올 예정입니다."

아랫집 남자가 출장을 가 있는 동안, 할머니에게서 전화가 왔습니다. 피곤한 음성으로 요즘도 계속 벽을 치는 소음에 시달리느라 잠을 못 잔다고 했습니다.

그날 제가 할머니 집 근처에 도착했을 때는 밤 10시였습니다. 아랫집 사람에게 전화를 걸었습니다. 문제를 해결하기 위해 그가 현재 있는 장소의 사진을 찍어 인증해줄 것을 부탁드렸습니다. 오해를 풀고 싶었던 아랫집 남자는 곧바로 호텔에 있는 자신의 사진을 제게 보내주었습니다.

아랫집 남자의 사진을 할머니에게 전하는 대신 제가 선택한 행동은 단순한 것이었습니다. 먼저, 할머니를 설득해 벽을 치는 소음이 가장 적게 들리는 장소로 침대 위치를 바꿨습니다. 그리고 침대를 벽에서 50센티미터 이상 떨어뜨렸습니다. 그런 다음 벽을 치는 소음이 들리면 할머니도 똑같이 벽을 쳐서 대응하라고 말해드렸습니다. 특히, 어떤 곳을 치면 아랫집으로 소음이 더 잘 전달되는지 알려주자 할머니는 상담 중 가장 많이 웃는 모습을 보였습니다.

사실 저는 현장 상담을 하며 소음의 원인이 무엇인지 바로 알 수 있었습니다. 할머니가 말하는 소음은 특히 겨울에 더 심해진다고 했습니다. 이는 겨울 난방으로 인한 온수가 흐르는 소리로, 흔히 수격 작용에 의한 '탁탁' 하는 소음을 냅니다.

하지만 근본적인 문제는 그 소음원이 아니었습니다. 3년 전, 사랑하는 할아버지의 죽음으로 힘들어하던 할머니를 한마디 위로도 없이, 물이 좀 넘쳤다고 몰아세웠던 아랫집과 관리소장에 대한 미움이 원인이었습니다. 알고 보니 할머니는 민원을 꾸준히 넣어 관리소장을 갈아치운 경험이 있었습니다. 그래서 이런 식으로 하면 아랫집도 쫓아낼 수 있다고 생각한 것입니다.

침대 위치를 조정하고 10일 후, 현장을 다시 방문했을 때 놀라운 변화가 있었습니다. 할머니는 그 소음의 주원인이 배관의 물 흐르는 소리인 것 같다고 제게 말했습니다. 그러면서 자신이 왜 아랫집과 관리소장을 미워했는지 이야기했습니다. 할아버지가 없는 공허함으로 잠을 이루지 못하는 시간이 많았고, 누군가에게 자신의 이야기를 하고 싶었다고 했습니다. 위로를 받고 싶은데 주위의 모든 사람이 자신을 적대시한다는 생각이 들어 그들을 미워하고 괴롭히면서 위안을 얻었던 것입니다.

저는 할머니의 말에 끝까지 귀를 기울였습니다. 새벽까지 상담을 진행한 할머니는 이렇게 말했습니다.

"할아범 가고 벌써 3년이여. 이제 나도 여든이 다 되어 웃을 일이 하나도 없어. 소장님 덕분에 이렇게 웃고, 맘속 이야기도 오랜만에 해 본 것 같어. 정말 고마우이. 이거라도 하나 챙겨가."

그러곤 음료수를 한 병 제 손에 쥐어주었습니다.

그 겨울이 지나도록 홍난옥 할머니의 민원 전화는 더 이상 오지 않았습니다.

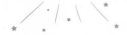

09

아이가 자꾸 가래 끓는 소리를 내요

"이사 온 후 어느 날부터 큰아이가 자꾸 가래 끓는 소리를 내더군요. 처음에는 일부러 그러는 줄 알고 혼을 내다가 집 안의 먼지 때문에 그런가 하고 열심히 청소를 했어요. 그래도 나아지질 않아서 병원에 가보니 의사가 집 안에서 담배 피우는 사람이 있냐고 물어보는 거예요. 저나 애 아빠는 담배를 피우지 않거든요. 결국 우리 큰애가 아랫집 할아버지 때문에 피해를 당한 거죠. 그 말을 듣고 얼마나 놀라고 무서웠는지, 지금도 그때 생각하면 눈물이 나네요. 정말 죽이고 싶은 마음이에요."

안소정(가명) 씨는 몹시 흥분해 있었습니다. 간신히 안정시키고 그녀의 이야기를 종합해보니 사태가 심각했습니다. 새벽 5시만 되면 베란다에서 담배를 피우는 아랫집 할아버지 때문에 저절로 잠에서 깨어났습니다. 저녁이면 담배 냄새는 더욱 심해졌습니다. 집에서 술 마시기를 좋아하는 아랫집 할아버지는 안방과 거실, 화장실에서도 내키는 대로 담배를 피웠습니다. 안소정 씨와 그 윗집들이 담배 때문에 피해를 입어 몇 번이고 관리소를 통해 항의했지만 그때뿐이었습니다.

여름철에도 문을 열 수 없어 24시간 에어컨을 켜다 보니 관리비가 많이 나왔습니다. 최근에는 공기청정기를 세 대나 구입해 방마다 비치했지만 냄새는 좀처럼 빠지지 않았습니다. 더욱 우려되는 점은 지금 안소정 씨가 셋째를 임신한 상태라는 것이었습니다.

관리소에 도착하니 아랫집 할머니 혼자 와 계셨습니다. 할아버지는 외출 중이라고 했습니다. 제가 윗집의 사정을 얘기하자 할머니가 입을 뗐습니다.

"이 양반이 결혼하고 40년째 담배를 피우고 있어요. 처음에는 내집에서 담배도 맘대로 피우지 못하냐고 역정을 내더라고요. 지금이 어떤 시대인데 집에서 담배를 피우냐고 따지면, 자기가 변호사한테 알아봤는데 불법이 아니라고 해요. 또 어떻게 담배 냄새가 윗집으로 올라가느냐며 건설사가 아파트를 잘못 지었다고 소리를 질러요. 제가 하도 집 안에서 담배를 못 피우게 하니까 어느 순간부터 베란다에서 몰래 피우더라고요. 저도 미치겠어요. 이렇게 바쁜 사람 오가게 만들고, 여기 있는 관리소 분들에게도 미안하고, 윗집 새댁 볼 낯도 없고 그렇습니다."

할머니의 이야기를 듣고 제가 말했습니다.

"네, 할머니. 할아버지 말씀대로 자기 집에서 담배를 피우는 건 법적으로 문제가 없습니다. 단, 도덕적으로 남에게 피해를 주는 것이기 때문에 자제해야 하는 거죠."

저는 할머니에게 윗집이 담배 냄새 때문에 얼마나 큰 고생을 하고 있는지, 아이들과 임산부의 건강이 나빠지면 법적 소송으로도 번질 수 있다는 사실을 알려주었습니다. 그리고 관리소장에서 물었습니다.

"이 아파트는 금연 아파트로 지정되어 외부에서 담배를 피우기 힘들다는 것 알고 계시죠?"

"네. 물론이죠. 괜히 금연 아파트로 신청했나 봐요. 이렇게 하면 좋을 줄 알았는데, 오히려 더 힘드네요. 외부에서는 금연이고 내부에서는 금연이 아니니, 황당합니다."

"아파트 내에 흡연 가능한 장소를 마련해두시면 됩니다. 일부 아파트에서 그렇게 민원을 해결하는 경우가 있습니다. 가능하시겠습니까? 그리고 정기적인 방송을 일주일에 두 번 이상은 반드시 해주시길 부탁드립니다. 분명히 효과가 있을 겁니다."

그날 저녁, 관리소장에게 아파트 내에 흡연 구역을 마련해 세대 간 흡연 민원을 저감한 사례와 흡연 구역 지정 방법에 대한 자료를 정리해 보냈습니다. 그리고 두 달 후, 아파트 내에 흡연실을 만들었다는 소식을 들었습니다. 관리소장과 입주자대표회가 적극적으로 방송과 홍보에 나선 결과 층간 흡연 민원이 반으로 줄었다는 소식도 함께요.

2016년 제정된 국민건강증진법에 따라 아파트 내에 금연 구역을 지정하도록 되어 있습니다. 하지만 집 안은 사생활 공간이기 때문에 제외됩니다. 그나마 과반수 세대의 동의하에 금연 구역을 지정할 수 있는데 복도, 계단, 엘리베이터, 지하 주차장 전부 또는 일부에 한하므로 효과가 미약한 실정입니다. 또한 아파트 단지 내 금연 구역에서 흡연하다가 적발될 경우에는 10만 원 이하의 과태료 처분을 받을 수 있는데, 관할 지자체 담당 공무원이 현장에 있지 않는 한 실제 단속은 요원합니다.

최근 경기도를 중심으로 흡연 규제안을 만들어 아파트 관리소장 등에게 흡연자를 강력하게 규제하도록 하고 있지만 실효성 면에서는 적잖은 어려움이 있습니다. 흡연자가 바로 관리소 직원에게 월급을 주는 입주민이기 때문입니다. 금연 아파트로 지정되더라도 사적 공간인 아파트 내부에서의 금연에 대한 법규 미비로 인해 오히려 집 안에서 흡연하는 경우가 많습니다.

이 때문에 아파트 층간 흡연에 대한 갈등은 줄어들지 않고 있습니다. 아파트 단지 내에 흡연 구역을 따로 정해 흡연자들이 활용할 수 있도록 권장하는 것이 현재로서는 가장 효과적인 방법입니다.

10

24시간 쉬지 않고 계속되는 소음의 정체

24시간 동안 층간소음이 발생한다는 권진아(가명) 씨의 연락을 받고 현장에 출동했습니다. 24시간이라는 말 때문에 혹시 몰라 소음측정기도 준비했습니다.

"윗집에 사는 분은 취미가 화분 키우기라고 해요. 처음에는 화분을 옮기면서 나는 소리인가 했습니다. 근데 수시로 10초나 30초 간격으로 '딱, 딱, 딱' 하는 소음이 납니다. 저는 거실에서 생활하는 시간이 많은데 그 소리가 들릴 때마다 깜짝깜짝 놀랍니다."

"주로 어디에서 많이 발생합니까? 그리고 가장 심각한 피해 시간대는 언제인가요?"

"거실 창문 쪽 천장이에요. 한 번 들어보세요. ……들리시죠? 이런 소리가 정기적으로 나니 사람이 살 수 있습니까? 그리고 주로 아침과 밤 시간대에 많이 발생합니다."

권진아 씨의 말을 듣고 짚히는 게 있었습니다.

"엘리베이터 작동으로 인한 소음일 가능성이 큽니다. 혹시 관리사무소에 이야기한 적 있나요?"

"그러잖아도 벌써 해봤어요. 엘리베이터 회사가 몇 번씩 와서 점검도 하고 로프도 교체하고 했는데, 전혀 달라진 게 없어요. 이젠 그들을 믿을 수도 없고요. 소장님, 너무 힘들어요."

저는 정확한 원인을 파악하기 위해 소음 측정을 했습니다. 이런 경우 주파수 분석을 하면 소음원을 진단할 수 있습니다. 측정해보니 가장 높은 소음 레벨을 나타낸 장소는 거실 창문 쪽 천장 부근과 엘리베이터하고 인접한 벽체 쪽이었습니다.

예상한 대로 고주파수의 에너지가 많이 잡혔습니다. 고주파수의 에너지가 많다는 건 엘리베이터 같은 기계가 작동할 때 발생하는 소음일 확률이 높다는 뜻입니다. 그 소음과 진동이 거실의 벽체를 타고 가장 부실하게 시공된 부분인 창문 쪽 천장으로 이어지는 것입니다.

원인을 파악한 저는 권진아 씨와 함께 관리사무소를 방문했습니다. 관리소장을 만나 제가 측정하고 분석한 자료를 보여주며 소음의 원인과 대책을 일러주었습니다.

"소음원인 엘리베이터를 저소음 방식으로 교체하는 게 가장 효과적입니다. 그게 여의치 않으면 엘리베이터와 인접한 벽체에 석고보드 두 장을 붙여주세요. 그래야 소음과 진동을 줄일 수 있습니다."

그리고 권진아 씨에게도 말해주었습니다.

"천장에 두께 5센티미터짜리 합판 두 장을 겹쳐서 붙여주세요. 이렇게 하면 엘리베이터에서 나오는 진동과 공명 소음이 현저하게 줄어들 겁니다."

그 후 더 이상의 민원은 오지 않았습니다.

11

어느 일본 청년의 통쾌한 복수극

층간소음으로 골머리를 앓는 건 일본도 마찬가지입니다. 시골 단독주택에서 생활해 층간소음이라는 단어 자체를 모르고 살았던 17세 청년 가즈마의 이야기입니다.

대학에 진학하기 위해 도쿄 중심지로 이사 온 그는 5층짜리 공동주택 2층에 입주했습니다. 낮에는 아르바이트를 하고, 저녁에는 집에서 열심히 공부하며 생활했습니다.

그런데 윗집의 소음이 너무 심해 공부에 집중하기가 어려웠습니다. 어린 아이들이니 이해하려고 했지만, 평생 처음 겪어보는 층간소음에 가즈마는 극심한 고통에 시달렸습니다. 이사 온 것을 핑계로 이야기를 해야겠다고 결심한 가즈마는 떡을 사 들고 윗집으로 갔습니다.

"한 달 전에 아랫집으로 이사 온 사람입니다. 인사가 늦었습니다."

"뭐 이런 것까지……. 감사합니다. 잘 먹을게요."

"저, 그리고 한 가지 부탁드릴 게 있습니다. 어린 아이들이라 이해는 하지만, 너무 시끄러워서요. 제가 저녁에는 대학 입시 공부를 해야 해서 조금만 주의를 부탁드리겠습니다."

가즈마는 최대한 정중하게 말했습니다.

"정말 죄송합니다. 주의를 준다고 하는데도 말을 안 듣네요. 앞으로 더 조심시키겠습니다. 죄송합니다."

아이들의 엄마는 정말 미안하다며 연거푸 사과했습니다. 가즈마는 안심했습니다. 이럴 줄 알았으면 참지 말고 진즉에 이야기할 걸, 하고 내심 후회가 됐습니다.

가즈마의 방문 후 윗집의 소음은 거짓말처럼 사라졌습니다. 딱 이틀이었지만요. 3일째 되던 날, 가즈마를 괴롭히던 층간소음은 다시 시작됐습니다. 가즈마는 화가 난 상태로 윗집으로 올라갔습니다. 그리고 처음과는 다르게 강한 어투로 항의를 했죠. 그런데도 층간소음은 계속됐고, 윗집에 올라가는 일은 점점 잦아졌습니다.

'또 시작되는구나!'

한 번 신경을 쓰기 시작하니 소음은 점점 더 크게 들렸습니다. 작은 소리만 나도 온 신경이 그리로 쏠려 공부에 집중할 수가 없었죠. 아이들이 뛰는 통에 형광등마저 흔들리는 것 같았습니다.

'도저히 안 되겠어.'

"땡동! 땡동!"

가즈마는 거칠게 윗집의 초인종을 눌렀습니다. 그러나 윗집 여자는 아무런 응답도 없었습니다. 그 와중에도 아이들이 뛰는 소리는 계속 됐습니다.

"땡동! 땡동! 땡동!"

가즈마는 계속해서 초인종을 눌러댔습니다.

'그래, 누가 이기는지 해보자고!'

계속되는 초인종 소리에 겨우 얼굴을 내민 여자는 자기 남편과 이야기하라며 문을 세게 닫았습니다. 가즈마는 너무 화가 났지만 아이들의 아빠를 기다릴 수밖에 없었습니다. 밤 11시가 넘어서 귀가한 아이들 아빠를 만난 가즈마는 층간소음 때문에 살 수가 없다고, 제발 좀 주의를 부탁한다고 애원했습니다. 그는 가즈마의 이야기를 듣고 정말 죄송하다며, 아이들에게 꼭 주의를 주겠다고 약속했습니다. 가즈마는 그때서야 안도의 한숨을 내쉬었습니다.

그리고 거짓말처럼 층간소음은 사라졌습니다. 정확히 3일이었습니다. 소음은 언제 그랬냐는 듯 다시 시작됐습니다. 가즈마는 아이들 아빠를 기다리며 애원하는 날이 잦아졌습니다. 처음에는 죄송하다며 고개를 숙이던 그도 가즈마의 잦은 방문과 항의에 되레 역정을 냈습니다.

"아이들 엄마랑 얘기하세요. 저는 더 이상 할 말이 없습니다."

관리사무소에 수차례 민원을 넣고 중재를 부탁했습니다. 관리소장은 난색을 표할 뿐이었습니다.

"층간소음은 개별 사안이라 제가 깊이 관여할 수가 없어서요. 죄송합니다."

분노에 분노가 반복됐습니다. 가즈마는 신경이 쇠약해졌고, 수면 부족에 시달렸으며, 원하는 대학에도 떨어졌습니다. 당연히 취업도 안 됐고요. 윗집의 층간소음으로 가즈마의 인생은 엉망이 된 듯했습니다. 그렇게 10년의 세월이 흘렀습니다.

"엄마, 저 면접 보고 올게요."

어느덧 3층에 살던 아이들은 취준생이 되었습니다.

"그래, 떨지 말고 잘 보고 오렴."

"근데 오늘 4층에 누가 이사 오나봐요. 아침부터 사다리차가 보이던데."

"응. 신혼부부라고 하던데, 어떤 사람이려나?"

윗집에 누가 이사 오는지 궁금해하던 3층 여자는 때마침 아파트에 들어서는 낯익은 남자의 얼굴을 보고 깜짝 놀랐습니다. 여러분도 짐작했듯 4층으로 이사 온 남자는 바로 가즈마였거든요.

저는 층간소음 강의를 할 때 가끔 이 일본 청년 이야기를 합니다. 층간소음을 심하게 겪은 사람이라면 누구나 한 번쯤 꿈꾸었을 통쾌한 복수극이기 때문입니다. 물론 이러한 복수가 층간소음을 근본적으로 해결해주지는 않습니다. 윗집으로 이사를 한다고 해도 아랫집 소음으로부터 자유로울 수는 없으니까요. 우퍼 공격이라도 당하는 날엔 윗집으로 이사 온 걸 후회할지도 모릅니다. 그러니 혹시 이런 짜릿한 복수를 꿈꾸는 분이 계시다면, 꼭 상상으로만 하시기를 바랍니다.

12

보복 스피커 틀면 폭행죄라고요?

"경찰입니다. 당신을 불법적인 소음으로 이웃에게 피해를 준 폭행
죄로 체포합니다."

청주의 한 아파트에 보복 스피커를 설치한 임기상(가명) 씨에게 경
찰이 찾아왔습니다.

"세상에 이런 법이 어디 있습니까? 윗집 소음 때문에 너무 힘들어
서 스피커의 볼륨을 조금 크게 했다고 폭행죄라니요? 너무 억울하고
황당합니다."

사건의 발단은 윗집의 개로 인한 것이었습니다. 임기상 씨는 윗집
에서 수시로 들리는 개 짖는 소리와 뛰는 소리 때문에 일상생활이 어
려울 정도로 스트레스를 받고 있었습니다. 참다못한 임기상 씨는 윗
집으로 올라가 따졌습니다.

"개가 미친 듯이 뛰도록 방치하면 어떡합니까? 이 방 저 방 뛰어다니며 쿵쿵거리는 소리에 정말 미칠 지경입니다."

"반려견이 쿵쿵거리는 소리가 얼마나 크다고 자꾸 올라오시는 겁니까? 저희도 주의를 시키는데 잘 안 됩니다. 저희도 노력하고 있으니 조금은 참아주셔야죠!"

"참는 데도 한계가 있죠. 아파트에서 저렇게 큰 개를 키우면 어떻게 합니까? 그리고 개가 사람에게 피해를 주면 됩니까? 집에서 개를 키우고 싶다면 교육을 시켜서 남에게 피해를 주지 않게 하셔야죠. 개나 사람이나 원……."

"자꾸 개라고 하면서 모욕하지 마세요. 저희 가족 같은 반려견입니다. 그만 내려가시고, 다시는 오지 마세요!"

그 뒤에도 임기상 씨는 수차례 항의를 했지만 윗집의 소음은 나아지지 않았습니다. 결국 임기상 씨는 중대한 결심을 했습니다.

'내가 당하고 있는 소음이 얼마나 심각한지 저 사람들도 느껴봐야 해. 나도 참을 만큼 참았어.'

임기상 씨는 인터넷에서 층간소음 보복 스피커를 구입해 천장에 설치했습니다. 보복 스피커에서는 '세탁기 돌아가는 소리' '아기 우는 소리' '교통사고 소리' 등이 울려 퍼졌고, 그 소리는 고스란히 윗집으로 전달되었습니다. 가장 효과가 좋다는 황병기의 〈미궁〉도 수시로 틀었습니다.

효과는 즉각 나타났습니다. 윗집은 관리사무소를 통해 수시로 '시끄러워 못살겠다'며 민원을 넣었고 경찰서에 신고까지 했습니다. 임기상 씨는 관리사무소와 경찰서에서 찾아오면 소리를 끄는 방법으로 윗집을 괴롭혔습니다.

경찰이 출동한 그날도 윗집의 개 소음에 보복 스피커를 켰습니다. 그리고 담배를 사기 위해 편의점으로 갔습니다. 마침 편의점에서 친구를 만나 이런저런 이야기를 하다 스피커 켜놓은 것이 생각나 황급히 돌아왔는데 그사이 경찰이 출동한 것입니다. 잦은 신고에 허탕만 치던 경찰이 출동하지 않자 윗집에서 꾀를 낸 것입니다.

"경찰서죠? 지금 아랫집에서 아기를 세탁기에 넣고 돌리는 것 같습니다. 아동 학대가 일어나는 것 같아요. 정말 위험해요. 빨리 출동해주세요."

인터넷에는 임기상 씨의 경우 같은 스피커 복수 후기가 무수히 많습니다. 보복 스피커 덕분에 윗집이 조용해졌고, 스트레스가 해소되었다는 글도 많습니다. 층간소음에 1년 넘게 피해를 당하고 있는 사람이 이런 글을 보면 쉽게 '나도 한 번 해볼까?' 하는 생각이 들게 마련입니다. 효과가 있다고 소문났기 때문입니다.

그러나 이런 행위는 법적인 처벌을 받을 수도 있다는 걸 잊어서는 안 됩니다. 대법원은 "형법 제260조에서 규정한 폭행죄는 사람의 신체에 대한 유형력의 행사를 가리키며 …… 신체의 청각 기관을 직접

어디 한번 두고 보자...

WOOFER SPEAKER

적으로 자극하는 음향도 경우에 따라서는 유형력에 포함될 수 있다"고 판결했습니다. 또한 "피해자 신체에 공간적으로 근접하여 고성으로 폭언이나 욕설을 하는 행위는 직접 피해자의 신체에 접촉하지 아니하였다 하더라도 피해자에 대한 불법한 유형력의 행사로서 폭행에 해당될 수 있다"고 했습니다(대법원 2000도5716).

폭행죄가 성립되지 않더라도 고의로 스피커를 설치해서 소음을 유발해 이웃을 시끄럽게 한 행위는 경범죄로 처벌받을 수 있습니다. 경범죄처벌법 제3조 제21항에 따르면 악기, 라디오, TV, 전축, 종, 확성기, 전동기 등의 소리를 지나치게 크게 내거나 큰 소리로 떠들거나 노래를 불러 이웃을 시끄럽게 한 행위를 할 경우 인근소란죄에 해당하며 10만 원 이하의 벌금, 구류 또는 과료의 형으로 처벌하도록 되어 있으니 각별한 주의가 필요합니다.

이와 관련해 2021년 3월 2일 국민의힘 전주혜 의원은 공동주택관리법 일부 개정안을 발의했습니다. 여기서는 뛰거나 걷는 동작에서 발생하는 소음, 음향 기기를 사용하는 등의 활동에서 발생하는 소음 등을 층간소음이라 규정했는데, 그 범주 안에 다른 입주자를 위협하거나 피해를 주기 위해 의도적으로 유발하는 소음을 포함하도록 했다는 점도 주목할 필요가 있습니다.

PART 03

화성에서 온 윗집,
금성에서 온 아랫집

윗집은 화성인, 아랫집은 금성인

존 그레이 박사의 《화성에서 온 남자, 금성에서 온 여자》는 전 세계적으로 유명한 베스트셀러입니다. 이 책을 읽어보지 못한 분이라도 제목은 들어봤을 겁니다. 이 책은 남녀 사이에 일어나는 갈등의 원인은 남자와 여자가 서로의 본질적 차이점을 인지하지 못하기 때문이라고 말합니다.

"화성에서 온 남자와 금성에서 온 여자는 자신들이 서로 다른 행성 출신이고, 따라서 서로 다를 수밖에 없다는 사실을 기억하지 못했다. 서로의 차이점들이 기억에서 모두 지워지면서 그들은 충돌하기 시작했다."

지난 20년간 2000여 건의 층간소음 중재를 해오며 제가 보고 느낀 점이 이와 비슷합니다. 층간소음을 겪고 있는 아랫집과 윗집은 마치 각기 다른 행성에서 온 것 같습니다. 윗집과 아랫집으로 만났지만 서로 욕하고 증오하며 점점 원수가 되어가는 사람들. 그들의 생각은 전혀 다르지만 어떤 점은 비슷하기도 하고 어떤 점은 위치만 다를 뿐 똑같기도 합니다. 3부에서는 편의상 윗집은 화성인, 아랫집은 금성인으로 호칭해 이야기를 풀어보겠습니다.

층간소음을 겪고 있는 아랫집 금성인

- 아이들 뛰는 소리를 들으면 가슴이 쿵쾅쿵쾅 뜁니다.
- 발망치 소리를 들으면 가슴이 조여옵니다.
- 가구 끄는 소리가 쇠 깎는 소리보다 더 싫습니다.
- 문을 '쾅' 닫는 소리에 가슴이 '철렁' 내려앉습니다.
- 불면증이나 우울증을 겪습니다.
- 윗집이 예의가 없고 무식하다고 생각합니다.
- 집으로 가는 게 지옥에 들어가는 것 같습니다.
- 층간소음으로 죽을 수도 있겠구나 생각합니다.
- 윗집이 얼른 이사 갔으면 좋겠다고 생각합니다.
- 윗집만 없으면 살 수 있을 것 같다고 생각합니다.
- 윗집 사람은 아파트에 살면 안 된다고 생각합니다.
- 층간소음의 '층'만 들어도 가슴이 벌렁거립니다.

층간소음을 겪고 있는 윗집 화성인

- 인터폰이 울릴 때마다 가슴이 쿵쾅쿵쾅 뜁니다.

- 현관 벨이 울릴 때마다 가슴이 답답해집니다.

- 천장 치는 소리에 깜짝깜짝 놀랍니다.

- 우퍼 스피커 공격에 어지럽고 미쳐버릴 지경입니다.

- 아랫집이 초예민하거나 미쳤다고 생각합니다.

- 아랫집이 아이들에게 해코지하지 않을까 노심초사합니다.

- 아랫집이 얼른 이사 갔으면 좋겠다고 생각합니다.

- 아랫집만 없으면 살 수 있을 것 같다고 생각합니다.

- 아랫집 사람은 아파트에 살면 안 된다고 생각합니다.

- 층간소음의 '층'만 들어도 가슴이 벌렁거립니다.

02

윗집은 소음충, 아랫집은 예민충

"소음충 두 마리 때문에 오늘도 혈압 오릅니다."

"집콕 소음충이 새벽부터 발광을 하네요."

"소음충들은 밖에 나갈 때도 시끄럽네요."

"이번 주말도 소음충들이 대환장 파티를 하네요."

"소음충들에게 복수할 방법이 없을까요?"

"소음충들은 밤만 되면 활발해지네요."

층간소음 관련 카페나 커뮤니티에서 아랫집은 윗집을 '소음충'이라고 부릅니다. 맘충, 부부충, 현관문쾅충, 문쾅충, 발망치충, 의자드르륵충 등도 윗집을 가리키는 용어입니다. 이에 반해 윗집은 아랫집을 '예민충' '민원충' '민감충'이라고 부릅니다.

"예민충들은 말하는 게 싸가지가 없어요."

"예민충들은 제정신이 아니에요."

"민감충이 또 천장을 치네요."

"민원충들이 또 관리소에 신고했네요."

"새벽 2시에 인터폰이 울리네요. 지긋지긋한 민원충들."

"민원충들 때문에 경찰까지 출동했네요."

현장에 나가 상담을 하다 보면 이런 용어뿐만 아니라 'XX년' 'XX 같은 놈' 'XX 새끼' '정신병자' '미친것들' '공동생활 부적응자' '사회 부적응자' '상종하지 못할 인간' '개 잡종 인간들' '개념 없는 쓰레기들' '피 말리는 악질들' '피 빨아먹는 흡혈귀' 등등 차마 입에 담을 수 없는 호칭이 많습니다. 전국 팔도에서 통용되는 욕이란 욕은 다 들어본 것 같습니다. 우리나라에 이렇게 다양한 욕이 있는지 몰랐습니다. 욕은 호칭뿐만 아니라 문장으로 이어지는데, 서로에 대한 불신과 증오가 얼마나 심한지 느낄 수 있습니다.

충간소음으로 인해 이웃 간 분쟁이 심해지면 고성과 욕설이 오갑니다. 그게 더 심해지면 폭행과 살인으로까지 이어지는 것입니다. 소음충이나 예민충이라는 단어가 좋은 어감은 아니지만, 이런 용어가 일반화한 현실을 결코 외면해서는 안 됩니다. 이게 바로 우리 국민이 충간소음을 대하는 현실이기 때문입니다.

03

금성인이 꼭 기억해야 할
층간소음 골든 타임

'내가 전생에 무슨 죄를 지어 이 고생일까?'

층간소음 고통의 시작은 대개 이사로부터 시작됩니다. 금성인이 화성인의 아랫집으로 이사를 가든, 화성인이 윗집으로 이사를 오든 둘 중 하나입니다. 시작이 어떻든 반드시 기억해야 할 것은 층간소음의 골든 타임이 180일(6개월)이라는 사실입니다. 이 골든 타임을 놓치면 층간소음으로 인해 받아야 할 고통은 점점 커집니다.

층간소음에 노출되었다고 생각하면 하루라도 빨리 소음 유발자인 화성인과 직접 만나 대화를 시도해야 합니다. 화성인과 만나는 방법은 메모와 인터폰을 이용하면 됩니다. 메모는 간단하면 간단할수록 좋습니다. 포스트잇에 다음과 같이 적어 문 앞에 붙여놓습니다.

'층간소음 때문에 부부가 함께 상의드릴 게 있습니다. 관리사무소

나 인근 커피숍에서 뵈었으면 합니다. 그럼 연락 기다리겠습니다.'

인터폰을 사용한다면 다음과 같이 짧게 이야기하는 게 좋습니다.

"아랫집인데요, 층간소음 문제로 상의드릴 게 있어요. 잠시 관리사무소에서 뵐 수 있을까요?"

이렇게 직접 메모나 인터폰으로 약속을 잡는 게 어렵다면 관리소장이나 보안 요원을 통해 만남 약속을 해도 됩니다. 간혹 자기 심정을 담아 구구절절한 편지를 쓰는 금성인이 있습니다. 자신이 얼마나 층간소음 때문에 힘든 생활을 보내고 있는지부터 시작해 매트와 슬리퍼를 활용해줄 것을 부탁드린다는 요구 사항까지 적어 보냅니다. 비대면을 권장하는 코로나19 시대에 이 방법도 나쁜 것은 아니지만, 얼굴이 아니라 활자로 처음 인사를 하는 것은 자칫 오해를 낳을 수도 있습니다. 자기 의견은 잘 전달했을지 몰라도 쌍방향이 아니라 일방통행이다 보니 상대가 그 요구를 받아들이고 실천할지 여부를 알 수 없습니다. 직접 대면하면 이런 걱정을 하지 않아도 됩니다.

화성인을 만나면 자신이 겪고 있는 층간소음의 고통을 있는 그대로 말합니다. 몇 시부터 몇 시까지가 가장 힘들고, 소음원은 무엇인지 등등을 구체적으로 언급합니다.

"아침 7~8시와 저녁 6~9시까지 아이들 뛰는 소리에 귀가 멍멍합니다."

"새벽 6시 이전과 밤 10시 이후 어른들 발망치 소리에 가슴이 쿵쾅쿵쾅 뜁니다."

"아침과 저녁에 수시로 들리는, 가구 끄는 소리 때문에 힘듭니다."

"주말 내내 집에 있기 힘들 정도로 큰 소음이 발생합니다."

그런 다음 화성인이 매트를 깔거나 슬리퍼를 신는 등 그동안의 습관을 버리고 소음 저감 활동을 할 수 있는 시간적 여유를 줘야 합니다. 대략 3주 동안의 기간으로 합의하는 게 좋습니다. 그리고 이 말은 꼭 해야 합니다.

"피치 못할 사정이 생기면 미리 알려주시면 감사하겠습니다."

화성인과의 첫 만남은 중요하기 때문에 최대한 정중한 게 좋습니다. 이 골든 타임 때 화성인과 직접 만나 둘만의 룰과 합의를 이끌어낸 금성인이 층간소음의 공포에서 벗어나는 경우를 많이 봐왔습니다. 추이를 잘 살피면서 진행해보세요. 분명 효과가 있을 겁니다.

만약 골든 타임을 놓쳐 층간소음 피해가 6개월~1년이 되었다면 화성인과 직접 만나는 것은 피하는 게 좋습니다. 이때는 층간소음이 감정 문제로 확대되는 단계이며, 윗집과 관리소 그리고 관련 기관에 대한 불신이 싹틉니다. 그렇더라도 이럴 경우는 관리소나 층간소음위원회에 민원 처리를 부탁하는 게 좋습니다.

만약 1년이 넘었다면 층간소음을 직접 해결하기 시작하는 단계입니다. 주로 화성인에 대한 폭력, 살인 충동 등이 발생할 수 있으며 법적 소송을 준비하기도 합니다. 이 기간에 화성인을 대면하는 것은 자제해야 합니다. 절대 화성인의 집을 직접 방문해서는 안 됩니다. 엘리베이터나 밖에서 화성인과의 접촉도 피해야 합니다. 환경부에서 운영하는 층간소음이웃사이센터나 지자체의 층간소음 관련 부서에 의뢰해 현장 경험이 많은 전문가와 상담을 받는 게 좋습니다. 상담은 일회성보다는 꾸준하게 받길 권합니다. 그리고 이 기간에 담당 상담사와 이러저런 이야기를 나누며 층간소음의 고통에서 벗어날 수 있는 방법을 함께 모색해보세요.

04

화성인에게 필요한 메모 남기기 요령

"아랫집의 항의 때문에 친구나 친척을 초대할 수 없어요. 시어머님 모시고 생일 파티도 못한다니까요. 소리가 조금만 나도 천장을 마구 치고 관리소를 통해 어찌나 항의 전화를 하는지……."

화성인들의 불만 중 하나가 바로 손님 초대를 못한다는 것입니다. 특히 생일이나 명절 때가 되면 10분이 멀다 하고 민원이 들어오는 통에 부끄럽고 창피해서 살 수가 없다고 합니다. 이런 분들에게 저는 금성인의 현관 앞에 메모 남기는 요령을 알려드리고 있습니다.

○월 ○일	○월 ○일	○월 ○일
오후 3~5시까지	저녁 6~9시까지	오후 3~5시까지
교회 구역	시아버지	이케아 가구 조립을
예배가 있습니다.	생신 잔치가 있습니다.	합니다.

이런 메모는 전날이나 당일 아침에 붙여놓는 게 좋습니다. 인터폰이나 전화 혹은 문자 메시지는 삼가도록 합니다. 직접 찾아가 말하는 것은 금물입니다. 손님 초대를 못할 정도라면 층간소음 분쟁이 1년 이상 경과해 감정의 골이 깊은 상태이기 때문입니다.

이렇게 현관문 앞에 메모를 붙여놓으면 금성인은 그 시간대가 시끄럽다는 마음의 준비를 할 수 있습니다. 그래서 막상 시끄럽더라도 참고 견딜 수 있습니다. 아무런 준비 없이 소음 테러를 당할 때와는 다른 마음이 됩니다. 또 그 시간대를 피해 외출할 수도 있습니다.

이를 통해 금성인은 짜증나고 힘든 소음에서 벗어날 수 있고, 정보를 미리 알려준 화성인의 배려에 고마움을 느끼기도 합니다. 그래서 조금씩 화성인에 대한 감정이 녹아내리기 시작합니다. 저는 여기서 끝내지 말고 손님이 돌아간 후 반드시 다시 메모를 붙여놓으라고 주문합니다.

> 시끄러웠을 텐데
> 이해해주셔서
> 감사합니다.

금성인은 수차례의 소음 저감 요구에도 불구하고 나아질 기미가 없는 화성인의 태도에 화가 나는 것입니다. 특히 아무런 사전 예고 없이 갑자기 여러 사람이 와서 걷고 뛰고 웃고 떠들면 일부러 그러는 것 같기도 하고, 자신을 무시하는 것 같기도 합니다. 상당히 불쾌하고 화가 날 수밖에 없는 상황입니다. 실제로 몇몇 못된 화성인은 민원이 잦은 금성인을 쫓아내겠다며 일부러 큰 소음을 내기도 합니다. 민원이 들어오면 아랫집으로 우르르 내려가 "이웃끼리 이것도 이해 못하냐" "시끄러우면 당신이 나가면 되지 않느냐" "당신 얼굴 똑똑히 기억했으니 밤길 조심해라"는 식으로 겁을 주는 경우도 있습니다.

만약 금성인과의 층간소음 분쟁이 1년 넘게 경과했고 화해와 해결의 실마리를 찾고 싶다면 이 메모 남기기 방법을 꼭 사용해보길 권합니다. 의외로 효과가 있을 겁니다. 다양한 방법으로 적용 가능하니 자신에게 맞게 잘 활용하면 갈등 해소의 트리거 역할을 할 것입니다.

05

윗집에 항의하러 갈 때
금성인이 꼭 알아야 할 것들

윗집에서 들려오는 층간소음을 느끼는 즉시 화성인을 방문해 항의하는 금성인은 거의 없습니다. 대부분은 소음을 참고 참다가 더는 참을 수 없는 지경에 이르렀을 때 윗집을 방문합니다. 최대한 심호흡을 하고 초인종을 누릅니다. 화성인은 금성인의 방문에 경계심을 드러냅니다.

"누구세요?"

"저 아랫집 사는 사람인데 할 이야기가 있어 왔어요. 문 좀 열어주시겠습니까?"

화성인과 처음 대면한 금성인은 자신이 층간소음 때문에 힘든 생활을 하고 있으니 좀 주의해달라고 부탁합니다. 화성인으로서는 처음 듣는 이야기입니다. 그래서 "알았습니다" 하고 가볍게 응대하지만 금성인은 확인을 받고 싶어 합니다. 이때부터 문제가 발생합니다.

"아이들이 뛰어다니는 소리가 너무 크니 매트를 깔아주시면 좋겠습니다."

"어른들의 발망치 소리가 큽니다. 실내화를 신어주셨으면 좋겠습니다."

"새벽 5시 20분에 청소기 돌리는 건 예의가 아닌 것 같아요. 밤 11시 넘어 세탁기 돌리는 것도 자제해주셨으면 좋겠습니다. 새벽 5시만 되면 울리는 핸드폰 진동 소리가 너무 큽니다."

화성인은 자신의 사생활에 간섭하려는 금성인의 항의에 슬슬 짜증이 나기 시작합니다.

"초면에 이러쿵저러쿵하는 건 실례 아닌가요? 그리고 핸드폰 진동 소리까지 들릴 정도면 너무 예민한 거 아닌가요? 어떻게 진동 소리가 아랫집까지 들릴 수 있죠? 혹시 환청을 들으신 건 아닌가요?"

이런 말을 들은 금성인은 억울합니다.

"그동안 제가 얼마나 참고 살았는지 아세요? 댁들이 이사 오기 전까지는 아무런 문제없이 잘살았다고요. 저도 참을 만큼 참았어요. 요즘은 잠도 못 자고 병원 치료까지 받고 있다고요. 또……."

분위기는 점점 심각해집니다. 금성인은 그동안의 불만을 쏟아내기 시작합니다. 화성인도 방어 태세를 갖추고 금성인을 대합니다. 왜 이런 일이 벌어졌을까요?

금성인은 화성인이 일으키는 충간소음을 참을 만큼 참았습니다. 아파트는 여럿이 사는 공동 주택이니 좀 불편해도 인내와 포용심을 갖고 견디려 했습니다. 그렇게 1개월이 지나고 3개월이 지나고 6개월이 되었을 때 더는 참을 수 없어 용기를 냈습니다. 자신의 처지를 설명하고 부탁하면 들어줄 거라 여겼습니다.

하지만 화성인 입장에서는 금성인의 항의가 오늘 처음입니다. 처음에는 미안한 마음이 들었지만 이런저런 요구를 하고 사생활까지 침해하는 듯한 금성인의 말에 기분이 나쁩니다. 예의도 없고 마치 실성한 사람처럼 흥분해 속사포처럼 쏘아대니 좋은 인상을 가질 수 없습니다.

실제 상담을 진행하다 보면 이런 사례가 많습니다. 윗집 소음에 참을 만큼 참다 항의하러 갔는데 미친 사람 취급을 받고 사이가 더 안좋아지는 케이스입니다. 준비하지 않고 흥분한 상태에서 항의 방문을 하면 이렇게 감정의 골만 더 깊어집니다.

윗집에 효과적으로 항의하려면 먼저 인내의 한계점이 오기 전에 하는 게 좋습니다. 대략 층간소음을 느낀 때로부터 1개월 이내가 적당합니다. 이때 무작정 윗집에 올라가 초인종을 누르는 것은 좋지 않습니다. 인터폰을 통해 층간소음 문제로 방문해도 되는지 양해를 구하세요. 빈손보다는 작은 선물이라도 들고 갑니다. 집에서 입는 생활복과 맨발에 슬리퍼보다는 정장에 가까운 옷차림이 첫인상에 좋습니다. 기혼자라면 혼자보다 부부가 함께 가도록 합니다.

항의 방문은 30분 이내로 끝냅니다. 할 이야기를 종이에 적어 지금 처한 상황에 대해 설명하고 부탁 형식으로 이야기하는 게 좋습니다.

항의 방문을 했다고 해서 소음이 완전히 사라지는 것은 아닙니다. 그런 기대감을 갖지 말아야 합니다. 거듭 강조하지만 층간소음에 완벽한 해결이란 없습니다. 전보다 소음이 훨씬 줄거나 저감되었다면 좀 더 지켜보세요. 항의 방문이 효과가 있어 윗집이 극도로 조심하고 있다는 증거이기 때문입니다. 이렇게 조금씩 변화하는 과정을 거치는 것이 좋습니다.

06

항의 방문을 받은 화성인이 꼭 알아야 할 것들

어느 날 갑자기 금성인으로부터 층간소음 문제로 항의 방문을 받았다면 가장 먼저 생각해야 할 것이 있습니다. 화성인은 이 점을 꼭 명심하기 바랍니다.

'아, 아랫집이 우리 집 층간소음 때문에 참고 참다가 더는 참을 수 없어 올라왔구나.'

이것을 꼭 기억하세요. 층간소음이 심하다고 곧바로 인터폰을 하거나 초인종을 누르는 금성인은 거의 없습니다. 우리는 사생활과 개인 정보를 중시하는 시대에 살고 있기 때문에 이 같은 일이 기분 좋은 것은 아니라는 걸 아랫집도 잘 알고 있습니다. 그래서 할까 말까 수십 수백 번 고민하고, 어떤 말로 마음을 전해야 오해 없이 이웃끼리 척을 지지 않을까 생각하고 또 생각한 끝에 어렵게 방문을 결정한 것입니다. 이대로는 숨이 막히고 공포스럽고 우울증에 걸려 죽을 것 같은 심정이 되어 용기를 낸 것입니다.

화성인은 금성인의 첫 번째 항의 방문에 불쾌합니다. 자신을 가해자 취급하고, 사생활을 침범하는 기분이 들기 때문입니다. 한편으로는 미안한 마음도 가집니다. 고의적으로 그런 적은 없지만 실제로 소음을 일으키는 행동을 하고 있기 때문입니다. 하지만 항의 방문이 반복되면 서서히 짜증이 나고 말이 험악해지기 시작합니다.

금성인은 화성인의 이런 말에 상처를 받습니다.

"우리 집에서 내는 소리가 아니에요."

"내가 내 집에서 맘대로 걷지도 못합니까?"

"우리 윗집도 소음이 심하지만 나도 다 참고 살아요."

"유별나게 왜 그래요? 너무 민감하신 거 아니에요?"

"아파트 말고 차라리 단독 주택에 가서 사세요."

아이들 뛰는 소리 때문에 힘들다고 하면 공격의 강도가 더욱 거세집니다.

"뛰는 애를 어떡합니까? 그럼 애를 묶어놓고 키웁니까?"

"애 키우는 집이 다 그렇죠. 좀 참고 살면 안 되나요?"

"아직 애를 안 낳아봐서 그래요. 나중에 엄마가 되면 다 이해하실 거예요."

"왜 자꾸 우리 애 기를 죽여요? 애가 뛰면 얼마나 뛴다고."

더 심한 경우는 항의 방문한 금성인에게 고래고래 소리를 지르며

욕을 해대기도 합니다.

"한 번만 더 올라오면 경찰 부를 거야."

"다시 한 번 초인종 눌러봐. 손모가지를 꺾어버릴 테니까."

"네 가족을 쥐도 새도 모르게 죽여버릴 거야. 미친 예민충 같으니."

말이 아니라 행동으로 옮기는 무자비한 화성인도 있습니다. 그들은 항의할 때마다 일부러 더욱 큰 소음을 일으킵니다.

저도 아이들이 어렸을 때 아랫집의 항의 방문을 받은 적이 있습니다. 이 소식을 아내에게 듣자마자 한라봉 한 상자를 손에 들고 아이들과 함께 아랫집으로 내려갔습니다.

"아내한테 이야기 들었습니다. 그동안 저희 아이들 때문에 얼마나 힘드셨어요? 죄송합니다. 아직 아이들이 어려서 걷는 연습이 덜 된 것 같습니다. 선생님, 제게 3주만 시간을 주십시오. 제가 이 녀석들을 잘 교육시켜 더는 소음 때문에 피해를 주지 않도록 하겠습니다."

층간소음은 아이들 뛰는 소리와 어른들 발망치 소리가 가장 큰 원인입니다. 만약 금성인의 항의 방문을 받았다면 '백번은 참고 참다 온 것이다'라고 생각해야 합니다. 그리고 구체적인 날짜를 제시하며 그때까지 개선하겠다는 의지를 보여주는 게 좋습니다. 가령 2~3주 내에 매트를 깔고, 실내화를 신고, 아이들 걷는 연습을 시키고, 어른이 걸을 때 발망치 소리가 나지 않도록 발뒤꿈치를 들고 걷는 연습을 하겠다고 제안하세요. 그러면 금성인은 이 기간 동안 비록 소음이 나더라도 화성인의 노력에 어느 정도는 마음이 녹을 겁니다. 그리고 이렇게 덧붙이세요.

"2~3주 후에도 개선되지 않고 계속 소음 때문에 힘드시면 언제든지 알려주세요. 그때는 제가 다른 방법을 찾아보겠습니다."

만약 이른 아침이나 밤늦게 돌리는 청소기나 세탁기 소리에 아랫집이 힘들다고 하면 시간대를 옮겨 배려해주는 게 좋습니다. 냉장고와 에어컨, 난방, 배수, 그 밖의 소음은 관리사무소와 함께 원인을 찾아 하루빨리 소음원을 없애거나 저감시켜주도록 합니다. 이 책 곳곳에 각각의 소음원을 찾아 대응하는 방법이 있으니 잘 살펴보세요.

07

샌드위치 피해자의 고통을 아시나요?

"윗집은 동네 근처에서 식당을 해요. 11시가 되면 부모가 돌아오는데, 그동안 아이들이 시끄럽게 뛰어다닙니다. 집에 돌아온 부모는 빨래를 돌리고 청소를 해요. 그런 다음 새벽 4시에 잡니다. 아랫집은 아이 둘을 키우고 있어요. 저녁 9시만 되면 자고, 아침 6시에 일어나요. 6시부터 아이들이 쿵쾅쿵쾅 뛰어다니고 벽을 치며 소리를 질러요. 그럼 그 아랫집에서 '조용히 하라'고 소리를 지르고 인터폰 소리가 요란하게 울려요. 그 소리가 우리 집으로 다 올라와요. 미치겠어요. 여긴 마치 지옥 같아요."

층간소음 피해자 중엔 샌드위치 고통을 호소하는 분이 있습니다. 윗집 소음도 힘든데 아랫집 소음까지 들려오는 통에 하루하루가 힘든 분들입니다. 또 다른 유형의 샌드위치 피해자도 있습니다.

"윗집에 남자아이 2명이 있어요. 아이들이 다다닥 뛰는 소리도 거슬리고, 가구 끄는 소리도 듣기 힘들어요. 가장 견디기 어려운 건 윗집 남자의 발망치 소리예요. 걸을 때마다 '쿵쿵쿵' 소리가 나요. 그 소리를 들을 때마다 심장이 벌렁벌렁거려요. 우리 집은 아이 셋을 키우는데 둘째와 막내가 아직 어려요. 주의를 주는데도 자꾸 뛰어다녀요. 아랫집에서 민원이 자주 들어와 매트도 깔고 혼내기도 하는데 잘되질 않아요. 수시로 민원을 넣는 까닭에 스트레스가 커요. 전 샌드위치예요. 윗집과 아랫집 사이에 꾹 눌렸어요. 진짜 샌드위치는 맛이라도 좋잖아요. 근데 층간소음 샌드위치는 쓰고 맵고 고약해요."

이런 분은 피해자인 동시에 가해자인 셈입니다. 화성인이면서 금성인입니다. 그래서 목성인이라고 부르기도 합니다. 목성인의 고통은 화성인과 금성인의 두 배입니다. 문제는 이런 목성인이 점점 늘어나고 있다는 겁니다.

08

외국 화성인을 어찌하오리까

"안녕하세요? 12시 30분 밤. 당신은 뭐 해요? 진공 청소해요? 세탁해요? 춤 해요? 운동해요? 내 방은 당신 객실 바로 아래에 있어요. 밤에 당신의 활동은 너무 시끄러워요. 저를 배려해주세요. 11시 이후에 시끄러운 소리 하지 마세요. 당신의 바닥은 내 천장이에요. 어떻게 휴식을 취할 수 있겠어요? 나는 집주인에게 불평을 해야 해요? 감사합니다."

2014년 페이스북 커뮤니티에 '층간소음에 화난 외국인'이라는 제목으로 두 장의 사진이 올라왔습니다. 현관문 앞에 어색한 한국어로 적어 붙인 쪽지인데 윗집의 소음을 견디다 못한 외국인의 자필 글씨였습니다. 그 외국인이 남긴 글을 보고 "분노가 느껴지는데 너무 귀엽다"는 평가가 많았습니다.

층간소음은 외국인에게 피해만 주는 게 아닙니다. 내국인한테 피해를 주는 외국인도 점점 많아지고 있습니다.

"윗집에 발망치 벨기에 사람이 살아요. 번역기 돌려 쪽지도 써봤지만 소용없어요."

"윗집에 러시아 부부가 살아요. 너무 시끄러워 층간소음이웃사이센터에 연락했는데 외국인은 신고가 안 된다고 하네요. 경찰서에도 신고했지만 그냥 주의만 주고 갔어요."

"윗집에 방글라데시 남자 4명이 살아요. 층간소음이 심해 참다 참다 올라갔더니 경찰에 신고하더라고요. 저보고 협박범이래요."

외국 화성인의 가장 큰 특징 중 하나는 층간소음에 대한 개념 자체가 거의 없다는 겁니다. 우리나라처럼 아파트가 많은 나라도 없고 단독 주택 형태에서 주로 살다 온 까닭입니다. 그래서인지 유독 성인들의 발망치 소리 민원이 많은 것도 외국 화성인의 특징 중 하나입니다.

"우리한테 이래라저래라 하는 것은 사생활 침해입니다."

외국 화성인은 사생활 침해를 앞세워 층간소음 민원에 협조적이지 않은 경우가 많습니다. 이럴 때는 관리소장의 힘을 빌리는 것이 가장 빠르고 효과적입니다. 먼저 해당 아파트 관리 규약에서 층간소음 관련 부분을 외국 화성인의 언어에 맞게 번역합니다. 그런 후 외국 화성인과 약속을 잡고 방문해 '층간소음 운영 규칙'에 대해 설명합니다. 규칙은 서울특별시 공동주택관리규약 준칙 제93조처럼 구체적인 것이 좋습니다. 만약 이 같은 준칙이 없는 아파트라면 관리 규약을 새로

제정하는 게 현명합니다.

제93조(층간소음 생활 수칙 등)

① 입주자 등은 공동 주택의 층간소음으로 다른 입주자 등에게 피해를 주지 아니하도록 노력하여야 한다.

② 입주자 등은 오후 10시부터 다음 날 오전 6시까지 다음 각 호의 행위를 금지한다.

1. 뛰거나 문, 창문 등을 크게 소리 나게 닫는 행위
2. 망치질 등 세대 내부 수리 및 탁자나 의자 등 가구를 끄는 행위
3. 피아노 등 악기의 연주
4. 헬스 기구, 골프 연습기 등 운동 기구의 사용
5. 애완동물이 짖도록 관리를 소홀히 하는 행위
6. 그 밖의 층간소음으로 입주자 등에 피해를 끼치는 행위

③ 입주자 등은 오후 10시부터 다음 날 오전 6시까지 다음 각 호의 행위를 자제한다.

1. 세탁, 청소 등 소음을 발생하는 가사일
2. TV, 라디오, 오디오 등으로 인해 소음을 발생시키는 행위
3. 주방을 사용하거나 샤워로 인한 소음을 발생시키는 행위

④ 관리 주체에서는 층간소음 방지를 위하여 게시판 및 방송을 통하여 적극적인 홍보 활동을 하여야 한다.

*출처: 서울특별시 공동주택관리규약 준칙(2020.6.10. 개정)

외국 화성인에게 설명할 때는 해당 외국어에 능통한 관리 직원이나 입주민의 도움을 받는 게 좋습니다. 충분히 설명했다고 판단되면 번역문을 주고 거실이나 방 등 잘 보이는 곳에 게시하도록 권합니다. 그리고 이 말을 꼭 해주십시오.

"이게 우리 아파트의 룰입니다. 우리 아파트에서 계속 살려면 이 룰을 꼭 지켜야 합니다."

룰이라는 것을 인지하면 외국 화성인도 평소보다 더 조심하고 층간소음 저감에 적극 협조할 것입니다.

층간소음 방지를 위한 주민 자율 협약 실례

1. 소음을 일으키는 가사일(세탁, 청소 등)은 월요일부터 토요일까지 오전 9~11시, 오후 6~9시 사이에만 한다.
2. 오후 8시~다음 날 오전 6시까지 이웃에 소음을 일으키는 피아노 등의 연주 및 음향 재생기의 사용을 금한다.
3. 공동 주택 내에서 문을 세게 닫는 것, 계단에서 뛰는 행위, 아이들이 뛰는 행위는 오후 8시~다음 날 오전 7시까지 자제한다.
4. 오후 12시~다음 날 오전 6시까지 TV와 라디오 소음 발생을 자제한다.
5. 모든 운동 기구의 사용은 오후 9시~다음 날 오전 6시까지 금한다.
6. 샤워 및 배수는 오후 10시~다음 날 오전 6시까지 자제한다.
7. 반려동물의 소음은 오후 8시~다음 날 오전 6시까지 자제한다.
8. 상기 1~7번의 준수 사항을 관리사무소에서 주 1회 이상 방송한다.

09

화성인이 층간소음 매트 설치에
실패하는 이유

금성인 때문에 매트를 깔았지만 화성인은 흔히 이런 소리를 듣곤 합니다.

"매트를 설치했다고 해서 확인해봤죠. 그런데 매트가 아니라 얇은 것 하나 거실에 달랑 설치하고 할 일을 다 했다네요. 할 말이 없어요."

"매트를 설치했다고요? 거짓말입니다. 손님이 올 때만 잠깐 깔고, 손님이 가고 나면 싹 치워서 고의적으로 소음을 내고 있어요."

"내 돈을 주고서라도 매트를 깔아주고 싶어요."

한편, 금성인은 이렇게 대꾸합니다.

"집 안 전체에 매트를 설치했는데도 아랫집에서 올라와요."

"처음에는 얇은 매트를 깔았다가 민원이 들어와서 다시 두꺼운 걸로 바꿨는데도 민원이 들어와요. 아랫집은 우리가 움직이기만을 기다리는 이상한 사람입니다."

"매트가 그다지 효과 있는 것 같지 않아요. 그렇다고 안 깔 수도 없고."

충간소음 매트는 만병통치약이 아닙니다. 하지만 충간소음 분쟁을 즉각적으로 해결할 수 있는 방법을 떠올릴 때 가장 먼저 생각나는 것이 바로 매트입니다. 충간소음의 가장 큰 원인이 바로 아이들 뛰는 소리인데, 이를 저감할 수 있는 가장 빠르고 손쉬운 방법이기 때문입니다. 하지만 금성인은 매트를 제대로 깔지 않았다고 불만이고, 화성인은 매트를 제대로 깔아도 소용없다고 불만입니다.

이렇게 매트로 인해 상호 불만이 더 커지고 있지만 달리 방법이 없기에 오늘도 관리소 직원과 전문가들은 충간소음 분쟁 당사자들에게 매트를 추천합니다. 이를 반영하듯 충간소음 매트 관련 업체의 매출은 급격히 증가했고, 코로나19로 집에 있는 시간이 많아짐에 따라 홈쇼핑에서도 연일 매진되는 등 때 아닌 호황을 누리고 있습니다. 업체들은 저마다 자사 매트가 충간소음 분쟁을 해결했다고 선전합니다. 좋은 재료로 만들어 가격이 비싸지만 성능은 좋다고 말하는 업체를 볼 때마다 저는 고개를 꺄우뚱합니다.

저는 2013년 〈소비자 고발〉이라는 프로그램에서 제작진과 함께 당시 소비자들이 가장 많이 사용하는 매트 10종을 가지고 충간소음 저감 테스트를 한 적이 있습니다. 매트의 두께나 가격이 모두 달랐지만, 테스트 결과는 두께나 가격에 상관없이 동일한 성능을 보였습니

다. 요즘은 알집 매트를 비롯해 친환경 PVC나 폴리에틸렌(PE), 고탄력 스펀지(EVA) 등의 매트가 등장해 큰 인기를 누리고 있습니다. 신소재 매트가 계속 만들어지는 것은 환영할 일입니다. 하지만 매트가 층간소음을 완전히 해결했다며 소비자들을 현혹해서는 안 됩니다.

그렇다면 매트는 층간소음에 효과가 없을까요? 답은 '아니다'입니다. 분명 효과가 있습니다. 매트의 효과는 물리적 효과와 심리적 효과로 구분해야 합니다.

"이 매트를 설치하면 ○○데시벨이 줍니다."

"이 매트를 설치하면 층간소음 분쟁에서 자유롭습니다."

"이 매트를 깔고 나서 아랫집 항의가 없어졌어요."

이렇게 물리적 측면을 강조해 매트를 추천한다면 거짓말에 가깝습니다. 아랫집의 층간소음 피해가 6개월 미만이라면 그나마 저감 효과가 있을 수 있지만 1년 이상이라면 소음 문제는 20퍼센트에 불과하고 나머지 80퍼센트는 감정 문제이기 때문입니다. 이 문제를 완화하기 위해서는 매트를 까는 화성인의 지혜가 필요합니다.

층간소음 저감 효과를 보려면 매트 설치하는 장면을 금성인이 볼 수 있도록 해야 합니다.

그러나 "너희들이 하도 시끄럽다고 해서 매트를 깔았다. 더는 항의하지 마라. 나는 할 만큼 다 했다"는 식의 생각을 갖고 매트를 깔면 차라리 안 하니만 못합니다. 이왕 배려하기로 마음먹었다면 귀찮아서 깔았다는 뉘앙스를 주기보다 미안하고, 죄송하고, 조심하겠다는 마음가짐을 보여주는 게 좋습니다. 이보다 더 좋은 방법은 금성인이 직접 보는 앞에서 매트를 까는 것입니다. 이때는 반드시 관리소장이나 경비원 혹은 전문가와 동행하는 것이 좋습니다. 일종의 증인 효과입니다.

매트를 설치한 후에는 금성인과 함께 성능을 확인해봅니다. 평소처럼 아이들을 뛰게 하고 아랫집으로 내려가 함께 소음을 들어보는 것입니다. 이때도 관리소장이나 관계자들과 동행하는 게 좋습니다.

"어떠세요? 전보다 좀 나아진 것 같나요?"

금성인이 대답을 하지 않더라도 화성인의 이런 말과 행동은 감정의 변화를 가져올 수 있습니다.

'저 사람이 이렇게까지 하는데 나도 좀 참아야겠네.'

매트를 깔았다지만 아이들 뛰는 소리는 아랫집에 간 화성인의 귀에도 분명 들릴 겁니다. 중량 충격음이고 저주파이기 때문에 매트를 뚫고 울리기 마련입니다.

아이를 키우는 집의 매트 설치는 이제 필수적이고 자연스러운 생활 에티켓입니다. 청소하기 불편하고 여름에는 곰팡이가 생기는 단점도 있지만, 층간소음으로 고통받는 금성인을 위해서는 꼭 필요한 도구입니다.

10

층간소음 피해자는
조현병 환자가 아니에요

서울 성동구의 한 아파트 804호에 거주하는 입주민 여자가 층간소음으로 고통받고 있는데, 최근 이런 얘길 자주 한다고 합니다.

"옆집 사람들을 칼로 모두 죽여버리겠어."

이에 심각성을 느낀 관리소장과 동 대표, 행복지원센터와 지구대 직원이 한데 모여 회의를 했습니다. 제 자문이 꼭 필요하다고 해서 갔는데, 사태가 생각보다 심했습니다.

먼저 관리소장이 입을 열었습니다.

"804호 입주민은 6년째 층간소음으로 고통받고 있다고 주장합니다. 요즘 들어 이상한 행동을 보이고 있는데, 옆집 상황을 그림으로 그려놓기도 하고 세밀하게 기록하기도 합니다. 옆집은 시할머니를 모시고 사는 엄마와 아들 둘이 있습니다. 아들 중 한 명이 청각 장애를 가지고 있습니다. 그 아이가 가족들과 대화할 때 고함을 지르는 것 같습니다. 또 가끔 뇌전증 증세를 보여 이를 제어하려다 가족들 몸이 804호 쪽 벽에 부딪칠 때도 있다고 합니다."

이번에는 동 대표가 말했습니다.

"아무래도 804호 입주민이 너무 예민한 사람 같습니다. 옆집의 어려운 사정을 이야기해도 누구 편을 드느냐고 되레 고함만 칩니다. 최근에는 옆집에서 소리가 들리면 일부러 TV 볼륨을 최대한 크게 하거나 자기 현관문에 깡통을 걸어두고 계속 두드립니다. 이 때문에 주민들의 민원이 쇄도하고 있습니다. 아무리 주의를 줘도 소용없습니다. 도리어 모두 죽여버리겠다고 소리를 지릅니다. 조현병이 있는 것 같습니다."

이번에는 행복지원센터 직원이 말했습니다.

"상황이 심각합니다. 조현병으로 마음이 불안정한 상태입니다. 살인 위협을 하는 통에 옆집과 이웃들이 위험을 느끼고 있습니다. 얼른 병원에 입원시켜 격리하는 게 어떨까요?"

이번에는 지구대 직원이 말했습니다.

"그게 좋을 듯합니다. 행정 입원을 시킬 수 있는 방법을 알아보겠습니다. 주민들의 불안이 점점 커지고 있으니 우선 병원에 입원시켜 진정을 하게 만드는 것이 좋겠습니다."

관리소장, 동 대표, 행복지원센터 직원, 지구대 직원은 제각기 자신이 알고 겪은 사실을 돌아가며 이야기하기 시작했습니다. 행복지원센터 직원은 1년 동안 804호 여자를 꾸준히 만나 대화를 시도했지만 해결 방법을 찾지 못했다고 토로했습니다. 동 대표도 이사할 것을 권해봤지만, 대화로 푸는 데는 한계가 있다고 했습니다.

804호 여자는 경찰에 신고하고 법원에 소송도 했습니다. 하지만 이마저 기각되자 "경찰과 법원, 정부도 도와주지 않는다. 결국 내 손으로 해결할 수밖에 없다"며 살해 협박을 하는 중이었습니다.

"소장님 생각은 어떠세요?"

제가 말했습니다.

"여러분이 말씀하시는 걸 종합해보면 804호 여자분은 이미 정신병자라는 거네요. 그렇다면 굳이 제가 나설 필요가 없습니다. 정신병원 담당자를 불러 입원 절차를 알아보는 게 좋을 듯합니다. 하지만 그 전에 여러분이 꼭 아셔야 할 게 있습니다. 제가 20년 넘게 이 분야에서 상담과 중재를 하고 있지만, 층간소음 피해로 인해 정신병자가 된 사람을 본 적도 들은 적도 없습니다. 여러분께서 정신병자라고 결론을 내렸다면, 입원 외에는 해결 방법이 없지만 말입니다."

한동안 침묵이 이어졌습니다. 먼저 말을 꺼낸 것은 동 대표였습니다.

"그럼 소장님이라면 어떻게 접근하실 건가요?"

"저라면 804호를 방문해 그분과 대화를 나누겠습니다. 그분이 지난 6년 동안 겪은 아픔과 고통에 대해 이야기를 듣고 공감하며 함께 울어줄 겁니다. 누군가가 그 아픔을 헤아려준다면 불미스러운 사고는 일어나지 않을 겁니다. 그분이 자신의 마음과 고통을 알아주는 '내

편'이 있다는 사실을 완전하게 받아들이는 시간이 필요합니다. 아마도 3개월 정도의 시간이면 좋을 겁니다. 지금 804호 주민은 층간소음 때문에 자신이 죽을지도 모른다는 극심한 공포에 휩싸여 있을 겁니다. 층간소음 피해자들에게 흔히 나타나는 증상 중 하나입니다. 게다가 여기 모인 분들이 이사나 치료 이야기로 압박하고 있으니 그분의 고통은 여러분이 상상하는 그 이상일 겁니다. 지금 804호 주민은 자신이 받는 고통을 복수하려는 심리와 죽음의 공포에서 누군가가 꺼내주었으면 좋겠다는 심리가 공존할 것입니다. 이 문제를 푸시려면 어렵게 생각하지 마시고 간단하게 생각하셔야 합니다. 내일부터라도 804호 주민과 처음부터 다시 시작한다는 마음 자세로 이야기를 들어보세요. 이게 출발점입니다. 그분의 고통을 그분 입장에서 진심으로 느껴보세요. 강요하지 마시고 귀를 열어보세요. 아주 간단한 방법이지만 3개월만 실천에 옮기면 생각지도 못한 효과를 보실 수 있습니다. 그렇게 마음이 풀린 후에 이사나 병원 치료 이야기를 해도 늦지 않을 겁니다. 단언컨대 804호 주민은 절대 미치지 않았습니다. 여러분이 그렇게 몰아가고 단정 짓고 있을 뿐입니다."

층간소음 피해를 1년 이상 겪고 있는 금성인은 윗집 화성인이 언제 일어나고 몇 시에 화장실에 가고 아침을 먹는지, 아이들이 언제 학교에서 돌아오고 잠을 자는지 어렴풋이나마 알고 있습니다. 핸드폰 진동 소리에 깨기도 하고, 코 고는 소리에 잠을 설치기도 합니다. 어떤 TV 프로그램을 보는지도 알고, 부부의 은밀한 사생활 소리도 들린다는 금성인이 많습니다. 그래서 이런 말을 자주 합니다.

"제가 소머즈가 된 것 같아요."

"혹시 제가 미친 것 아닐까요?"

"혹시 제가 환청을 듣는 건 아닐까요?"

소음원은 꼭 윗집이 아니더라도 윗집의 윗집일 수도 있고, 옆집일 수도 있고, 복도일 수도 있습니다. 집 외부일 수도 있습니다. 금성인이 공포를 느끼는 것은 마치 윗집이나 옆집과 함께 생활하고 있다는 생각이 들 때입니다. 특히 아파트는 똑같은 구조라 윗집의 소음만으로도 화성인의 동선을 그릴 수 있기 때문입니다.

이런 어려움을 화성인이나 관리소장, 경비원, 이웃에 털어놓으면 미친 사람 취급을 받기도 합니다. 더구나 화성인은 금성인의 민원과 항의에 미안한 마음이 들면서도 내심 자신이 유리한 입장이라고 생각하는 경향이 있습니다. 막대기나 우퍼 등으로 천장을 통해 보복하는 것보다 바닥을 통해 보복하는 게 더 쉽고 간편하기 때문입니다. 그래서 층간소음이 발생하면 절대적으로 화성인이 유리한 게 사실입니다. 화성인보다 금성인이 층간소음으로 인한 폭행과 살인을 더 많이 저지른다는 것은 금성인이 보복할 수 있는 범위가 그만큼 작다는 걸 반증합니다.

층간소음 피해자는 결코 정신병자가 아닙니다. 그들은 피해자일 뿐입니다. 층간소음 피해를 아주 심하게 겪고 있을 뿐입니다.

11

층간소음 해결의 키는
금성인이 쥐고 있어요

금성인은 층간소음을 겪게 되면 다음과 같은 생각을 합니다.

'내가 왜 이런 고통을 당해야 하지?'

'왜 윗집 사람을 미워하고 저주해야 하지?'

'왜 주변 사람들로부터 이상한 사람 취급을 받아야 하지?'

그러면서 가끔 욱하는 기분과 함께 살인 충동까지 느끼는 자신에게 놀라기도 합니다. 층간소음 고통이 1년이 넘으면 그 고통에서 벗어날 수 없을 것 같다는 절망감에 휩싸이고 이로 인해 우울증까지 겪습니다. 층간소음 때문에 난생처음 공황 장애를 경험했다고 호소하는 금성인도 많습니다. 작은 소리에도 깜짝깜짝 놀라고 수면 방해로 불면증을 앓기도 합니다. 결국 이런 생각이 머릿속에 맴돕니다.

'이러다 내가 죽을 수도 있겠구나.'

이때부터 금성인에게 층간소음은 생존의 문제로 다가옵니다.

아파트에서 층간소음이 발생하면 관리소장이나 경비원은 윗집에 초점을 맞춰 상담을 진행하고 민원을 해결하려 합니다. 숙달되지 않은 몇몇 층간소음 전문가도 윗집 중심으로 접근합니다. 윗집에서 내는 소리만 막으면 문제가 저절로 해결될 것이라 믿기 때문입니다. 그러나 이는 올바른 접근 방법이 아닙니다. 층간소음이 있고 없고는 윗집이 아니라 아랫집이 결정하는 것이기 때문입니다. 즉 층간소음 해결의 키는 화성인이 아니라 금성인이 쥐고 있다는 뜻입니다.

가령 화성인의 집에 고등학교 씨름 선수 10명이 합숙하고 있다고 가정해봅시다. 덩치 큰 씨름 선수들이 생활하며 내는 소음은 상상만 해도 어마어마할 것입니다. 설상가상으로 씨름 선수 절반 정도가 실내에서 이동할 때 뛰거나 발망치 소리를 낸다면 어떨까요? 러닝머신을 비롯한 각종 운동 기구가 밤낮을 가리지 않고 소음을 일으키거나, 땀을 많이 흘리는 선수들 빨래 때문에 24시간 내내 세탁기가 돌아간다면요? 현관문과 방문을 열고 닫을 때마다 쾅쾅 소리를 낸다면요? 아마 아무리 둔감한 사람도 견디기 힘들 지경이 될 것입니다.

그런데 이 집 밑에 사는 금성인은 괜찮다고 합니다. 밤늦게까지 떠드는 소리가 들리고 가끔 아령 같은 것이 쿵하고 떨어지는 소리도 들리지만 괜찮답니다.

"이 정도 소음쯤은 다 참고 사는 거 아니에요? 아파트잖아요. 전 괜찮아요."

이런 금성인이라면 층간소음 분쟁은 없는 겁니다.

반면 이제 막 걸음마를 시작한 아기가 콩콩거리며 걷는 발걸음 소리가 마치 천둥소리 같다고 느끼는 금성인이 있다면 얘기가 다릅니다. 층간소음은 개인마다 느끼는 정도가 다르고 금성인의 민감력과 둔감력도 천차만별입니다.

만약 층간소음 해결을 위해 금성인과 화성인, 관리소장이 마주 앉았다면 대화의 중심은 금성인이 되도록 하고 화성인과 관리소장은 귀를 기울여주는 게 좋습니다.

화성인과 관리소장의 끊임없는 노력에도 이렇게 말하는 금성인이 있습니다.

"층간소음이 여전히 개선되지 않고 있습니다. 피해가 심각해요. 어제도 아이들 뛰는 소리에…….

이 말에 화성인은 발끈하며 말을 자르고 항의합니다.

"의자 소리가 시끄럽다고 해서 패드를 부착했습니다. 아이들 뛰는 소리가 크다고 해서 바닥에 매트도 설치했습니다. 더 이상 우리가 어떻게 해야 합니까? 아파트는 공동 주택이잖아요. 층간소음이 있는 건 당연한 거 아닌가요?"

화성인의 말에 금성인이 발끈합니다.

"그럼 우리는 어떡합니까? 밤낮으로 고통받고 있는 우리 가족은

요? 관리소장이나 경비원도 제대로 도와주지 않고……."

옆에 있던 관리소장도 금성인의 말을 자르며 한마디 거듭니다.

"윗집도 노력하고 있으니 선생님 댁도 조금만 참고 양보하시죠."

화성인과 관리소장은 금성인의 마음을 헤아리지 못합니다. 금성인은 층간소음으로 고통받고 있지만 그를 더욱 힘들게 하는 것은 바로 주위의 이런 태도 때문이라는 것을 말입니다. 금성인이 진정으로 바라는 것은 층간소음으로 피폐해진 자신의 생활과 감정을 화성인과 관리소장이 이해해주는 것입니다. 자신의 말을 경청해주길 바랍니다. 이렇게라도 말하지 않으면 가슴이 터질 것 같은 금성인의 심정을 화성인과 관리소장은 헤아리지 못하는 것입니다. 금성인도 알고 있습니다. 자신이 아무리 민원을 넣어도 윗집이 이사 가지 않는 한 층간소음 문제는 해결되지 않는다는 것을. 그래서 더욱 푸념하듯이 하소연하는 것입니다.

현장에서 만난 금성인 대부분이 이와 비슷한 감정을 내보입니다. 동행한 지자체 공무원이 저를 소개한 후에는 더 적극적으로 감정을 표현합니다.

"이분은 우리나라 최고의 층간소음 전문가인 차상곤 소장님이십니다. 다른 전문가와는 다른 각도와 시각으로 수많은 층간소음 분쟁을 조정하신 분이니 하고 싶은 말, 물어보고 싶은 말이 있으면 뭐든지 여쭈어보세요."

층간소음 피해를 입은 지 1년이 넘는 금성인은 저를 보자마자 속사포처럼 이야기를 풀어놓습니다. 그 이야기는 하소연이자 푸념이고 한 맺힌 넋두리입니다. 100분 동안 상담을 한다고 하면 어떤 식으로 층간소음 피해를 당하는지에 대한 이야기는 20분도 채 되지 않습니다. 나머지 80분은 층간소음 때문에 자신이 얼마나 우스워졌으며 미친 사람 취급을 받는지, 윗집과 그들에게 동조하는 이웃과 관리소장과 경비원들이 어떻게 자신을 무시하는지 이야기합니다. 심지어는 자신이 이 아파트를 얼마나 어렵게 구입해 들어왔는지, 어렸을 때 집 없는 서러움을 겪으며 어떻게 살아왔는지 구구절절 털어놓습니다. 그런 후에 이렇게 말하곤 합니다.

"아이쿠, 제가 오늘 처음 만난 소장님한테 별 이야기를 다 하네요. 그래도 이렇게 털어놓으니 마음이 한결 가볍습니다. ……그래서 제가 뭘 어떻게 하면 되죠, 소장님?"

금성인은 화성인이나 관리소장에게 정확한 해결책을 요구하는 게 아닙니다. 수많은 민원을 넣어보고, 천장도 쳐보고, 쉐이크본을 9시 방향으로 24시간 틀어보기도 하고, 경찰서에 신고도 해보고, 층간소음이웃사이센터를 통해 상담도 해본 경험이 있는 금성인이라면 더욱더 그러합니다. 금성인이 바라는 것은 자신의 아픔과 고통에 귀 기울이고 관심 있게 지켜봐주는 것입니다.

소음을 유발하는 화성인만 조심하면 층간소음이 해결된다고 생각하는 분이 있다면 오늘부터라도 다른 각도로 보셔야 합니다. 이것이 층간소음을 이야기할 때 많은 사람이 착각하는 부분입니다. 제가 이

책을 쓴 이유 중 하나도 이 같은 잘못을 알리기 위해서입니다. 층간소음에 완전 해결이란 없습니다. 여러 가지가 얽히고설켜 있기 때문입니다.

층간소음 해결의 출발점은 금성인의 마음을 잘 헤아리고 이해하는 것입니다. 화성인을 비롯해 관리소장, 경비원, 입주자대표회의, 시공사, 지자체, 환경부, 국토부, 청와대는 금성인의 목소리에 귀를 기울여야 합니다. 왜 청와대 국민신문고에 '층간소음가해처벌법을 만들어주세요'를 비롯한 500여 건 넘는 민원이 올라와 있는지, 왜 네이버 '층간소음과 피해자 쉼터(https://cafe.naver.com/ihatenoise)'를 비롯해 30여 개 넘는 층간소음 카페와 커뮤니티가 활발하게 활동하고 있는지, 왜 층간소음 가해자인 유명 연예인들의 말과 행동에 국민적 분노가 일어나는지 이제 제대로 이해해야 할 때입니다.

12

화성인과 금성인이 평화롭게 지내는 방법

저는 3부에서 편의상 윗집을 화성인, 아랫집을 금성인이라고 칭했습니다. 앞장에서는 아랫집인 금성인이 층간소음의 키를 쥐고 있으니 그들의 말에 귀 기울여야 한다고 주장했습니다. 그렇다고 해서 금성인은 피해자이고 화성인은 가해자라고 해석하면 안 됩니다. 금성인과 화성인 모두 피해자이자 가해자가 될 수 있기 때문입니다.

층간소음이웃사이센터와 주거문화개선연구소의 통계에 따르면, 금성인의 민원은 75퍼센트이고, 화성인의 민원은 25퍼센트입니다. 금성인이 가장 많이 어필하는 민원은 아이들 뛰는 소리입니다. 그다음이 어른들 걷는 소리, 가구 끄는 소리 등등입니다. 요즘은 반려견에 대한 민원이 늘고 있습니다. 이에 반해 화성인의 민원은 보복 소음이 많습니다. 막대기로 천장을 치거나, 우퍼 스피커로 공격하거나, 끊임없이 항의 민원을 넣습니다. 이런 보복이 화성인 민원의 거의 전부를 차지했는데, 코로나19를 거치면서 변화가 생겼습니다. 아랫집의 소음이 올라온다는 겁니다. 아이들 뛰는 소리, 부부가 싸우는 소리, TV 소리, 코 고는 소리까지 들린다고 합니다. 참기 힘든 건 시도 때도 없이 짖어대는 개 소리와 화장실에서 피우는 담배 냄새입니다.

사실 2년 전인 2019년만 해도 금성인과 화성인의 민원율은 각각 85퍼센트와 15퍼센트였습니다. 그런데 코로나19 이후 10퍼센트가량의 변화가 나타났습니다. 금성인과 화성인의 민원율에 변화만 있는 게 아닙니다. 전체 민원 수도 코로나19 이전에 비해 두 배 가까이 늘었습니다. 코로나19 때문에 재택근무와 원격 교육이 일상화했기 때문입니다. 청와대 민원도, 층간소음 관련 카페 가입자 수도 대폭 늘어났습니다. 층간소음으로 인한 폭력 사건이 일주일에 두세 번꼴로 매스컴을 장식합니다. 층간소음에 귀가 트여 고생하는 분이 많아진 것도 큰 변화입니다.

언제까지 이런 악순환이 계속될까요? 재차 말하지만 층간소음에 완전 해결이란 없습니다. 분쟁 중인 어느 한 집이 이사를 가야 끝납니다. 경우에 따라서는 새로 이사 온 집 때문에 더욱 심한 2차전을 치를 수도 있습니다. 그렇다고 방법이 전혀 없는 건 아닙니다. 제 경험을 통해 화성인과 금성인이 서로 평화롭게 살 수 있는 몇 가지 방법을 소개합니다.

첫째, 상호 간의 비난을 멈춰야 합니다.

층간소음이 불거지면 금성인은 먼저 화성인과 그 가족을 비난합니다. 이어 관리소장과 관리소 직원을 비난합니다. 화성인과의 올바른 중재를 통해 층간소음을 줄여야 하는데, 그 일을 제대로 못한다고 여기는 것입니다. 층간소음 분쟁으로 인해 화성인에게 가해지는 폭행과 살인이 최근 들어 관리소 직원이나 경비원에게 옮겨가는 것도 이 때문입니다. 그리고 시공사를 비난합니다. 집을 제대로 짓지 않았기 때문에 소음이 발생한다는 주장입니다. 정부 부처도 비난합니다. 국토부가 시공사를 제대로 관리하지 않고 환경부가 층간소음을 방치한다는 것입니다. 2019년에 발표한 감사원의 감사 결과가 이를 뒷받침합니다.

그 밖에 화성인 편을 들며 자신을 비난하는 이웃과 입주자대표회의, 신고하면 화성인 현관문 앞에서 주의를 주는 일밖에 하지 않는 경찰, 상담했음에도 변함없는 층간소음 전문가 등등이 비난의 대상이 됩니다.

속내와 이유는 다르지만 화성인이 비난하는 대상도 금성인과 동일합니다. 다만 그 강도와 횟수는 금성인이 좀 더 강하고 많은 편입니다. 둘 다의 머릿속에는 다음과 같은 욕구가 자리 잡고 있습니다.

'집은 편안하게 휴식을 취해야 하는 공간이다. 이 소중한 공간과 시간을 침범당하고 싶지 않다.'

어느 쪽이든 비난은 문제를 해결하는 데 아무런 도움이 되지 않습니다. 비난보다는 상호 이해와 믿음, 공감과 관용의 자세가 필요합니다. 화성인이 금성인의 민원이나 항의를 받았다면 화를 내기보다 금성인의 입장에서 역지사지해볼 필요가 있습니다. 금성인이 자신을 비난하는 것처럼 들릴지라도 끝까지 그의 말에 귀를 기울이고 "죄송하다"는 말과 함께 충간소음을 줄이기 위해 노력하고 있다는 것을 끊임없이 보여줘야 합니다.

둘째, 소음의 범위와 한계를 정하고 서로의 노력을 인정해야 합니다. 충간소음의 한계를 정하는 것은 평화를 위해 필요한 요소입니다. 먼저 금성인은 자신이 겪고 있는 충간소음을 분류해볼 필요가 있습니다.

'나를 가장 힘들게 하는 소음은 무엇인가? 아이들 뛰는 소리인가? 어른들의 발망치 소리인가? 가구 끄는 소리인가? 문을 쾅쾅 닫는 소리인가?'

자신을 괴롭히는 소음을 나열한 후 우선순위를 정합니다. 그다음은 각각의 항목에 24시간 중 가장 힘든 때를 적습니다.

- **1순위**: 아이들 뛰는 소리. 힘든 시간: 저녁 6시~11시/아침 6시~8시 30분
- **2순위**: 어른들 발망치 소리. 힘든 시간: 저녁 8시~11시/아침 6시~8시

그런 다음 각각의 요구 사항을 적어보세요. 막연하게 '아이들 뛰는

소리가 들리지 않았으면 좋겠다'고 적기보다는 범위와 한계를 정하는 것이 좋습니다. 가령 어떤 시간대에는 이해하고 참을 수 있지만, 어떤 시간대만은 소음이 들리지 않게 해달라고 적는 것입니다. 이렇게 범위와 한계를 정하지 않고 무턱대고 아이들 뛰는 소리가 들리지 않게 해달라고 하면 화성인이 아무리 소음 저감을 위해 나름 노력해도 소용이 없습니다.

화성인은 금성인의 요구가 정확하게 무엇인지 알아야 그에 맞춰 액션을 취할 수 있습니다. 금성인의 요구를 완전히 무시하는 화성인은 거의 없습니다. 금성인이 범위와 한계를 요구하지 않는 게 문제입니다.

"아이들 뛰는 소리가 시끄러우니 조용하게 해주세요."

"어른들 발망치 소리 때문에 가슴이 울렁울렁거려요."

이런 요구를 처음 받으면 화성인은 미안한 마음에 아이들을 혼내기도 하고, 교육시키기도 합니다. 어른들도 조심조심 걸으려 노력합니다. 하지만 며칠 후 다시 항의가 들어오면 점점 짜증이 나기 시작합니다. 이래라저래라 구체적인 요구 사항도 많아집니다.

"매트 좀 깔아주세요."

"실내화 좀 신고 사뿐사뿐 걸어주세요."

화성인은 매트도 깔고 실내화도 신고 발뒤꿈치를 들고 걷지만 항의는 끊이지 않습니다. 나름대로 층간소음 저감 방법을 강구해 노력하고 있음에도 계속되는 항의에 금성인의 요구가 지나치다는 생각을 하게 됩니다. 더구나 금성인은 다른 소음까지 거론하기 시작합니다.

"세탁기 돌아가는 소리가 시끄럽습니다."

"청소기를 아침에 돌리면 어떡합니까?"

금성인은 자신의 요구가 잘 지켜지지 않는다고 여깁니다. 범위와 한계를 정하지 않고 무작정 소음 저감만을 요구했기 때문입니다. 재차 말씀드리지만 층간소음의 완전 해결은 없습니다. 화성인이 아무리 두꺼운 매트를 깔아도 소용없습니다. 중요한 것은 화성인이 세상에서 가장 두꺼운 매트를 까는 게 아니라, 세상에서 가장 얇은 매트를 깔아도 금성인이 예전보다 좋아졌다고 느끼는 것입니다.

매트 두께 하나로 이런 마법을 만들기 위해서는 금성인이 먼저 소음의 범위와 한계, 요구 사항을 알려주어야 합니다. 덧붙여 어느 정도의 소음이나 시간대는 괜찮다는 메시지도 함께 전달합니다. 24시간 내내 조용하길 요구하는 것은 문제를 더욱 악화시킬 뿐입니다. 이렇게 상호 간의 범위와 한계를 정해놓은 다음에는 서로가 노력하고 있다는 증거를 보여주는 것이 좋습니다. 가령 거실 복도와 아이들 방에 매트 깐 사진을 보여주거나 아이들에게 층간소음에 대해 교육시키는 영상을 전해주는 방식도 좋습니다.

화성인이 자신을 위해 노력하고 있다는 사실을 알게 되면 금성인의 마음은 서서히 풀립니다. 그러면 민원을 자제하고, 보복 소음도 더는 하지 않게 됩니다.

셋째, 만족의 기대치를 낮추는 것이 좋습니다.

층간소음으로 인한 폭행과 살인이 전국에서 끊이지 않고 일어납니다. 특히 코로나19 이후에는 그 정도가 심해졌습니다. '너 죽고 나 죽자'며 가스통을 터뜨리기도 하고, 윗집이나 옆집 사람을 잔인하게 죽인 후 자살하는 경우도 있습니다. 이런 극단의 결론을 마주하지 않기 위해서는 만족의 기대치를 낮추는 것이 좋습니다.

화성인은 '내가 이러다 죽을 수도 있겠구나' 하는 금성인의 심정을 이해해야 합니다. 내가 죽게 생겼으니 살인 충동으로까지 감정이 번지는 것은 어쩌면 당연합니다. 이런 심정을 인정하고 심각하게 받아들여야 합니다. 금성인과 더 자주 소통하고 대화해야 하는 이유입니다.

금성인은 층간소음을 줄이려는 화성인의 노력에 한계가 있음을 인정해야 합니다. 아무리 매트를 깔고 슬리퍼를 신고 발꿈치를 들고 걸어도 층간소음은 사라지지 않습니다. 한 번 귀가 트이면 작은 소리라도 크게 들리기 때문입니다. 화성인의 노력으로 층간소음이 줄어들고 있다면 조금 참고 기다려줘야 합니다. 층간소음 저감은 10점 만점에 4~6점 정도를 기대하는 게 좋습니다.

층간소음에 100퍼센트의 만족은 없습니다. 서로의 만족 기대치를 낮추는 자세가 필요합니다.

넷째, 서로 이해하는 마음을 가져야 합니다.

금성인은 자신의 민원에도 불구하고 층간소음이 계속되면 이런 생각을 하게 됩니다.

'윗집에서 나는 소음 때문에 집에서는 휴식을 취할 수 없어.'

'윗집 소음 때문에 신경이 너무 쓰이고 불면증까지 생겼어. 이건 불합리해.'

'내가 사는 집이 아니라 지옥처럼 느껴져.'

'관리소에서 이 문제를 해결해야 해. 그게 관리소의 의무야.'

'윗집 사람은 대화가 되지 않고 막무가내야. 공동체 의식이 없어.'

'이러다 제 명에 못 죽을 것 같아.'

화성인은 최대한 조심하고 있음에도 불구하고 항의 민원이 계속되면 이런 생각을 하게 됩니다.

'내 노력은 알아주지 않고 계속 민원을 넣다니. 초인종이 울릴 때마다 괴로워.'

'죄 지은 사람 같아. 아이들한테 자꾸 화를 내는 상황이 싫어.'

'아랫집 사람은 예민하고 신경질적이며 말하기 전에 화부터 내.'

'공동체 의식이 없는 사람이야. 저런 사람은 단독 주택에서 살아야 해.'

'좋은 이웃을 만나는 것도 복이라더니, 미친 사람을 만났어.'

금성인과 화성인의 위치가 바뀌기 전까지 서로를 이해하기란 쉽지 않습니다. 얼마나 답답하고 분하면 매번 당하고만 살던 금성인이 화성인 윗집으로 이사해 보복하는 일까지 생기겠습니까? 아이들 때문에 줄곧 화성인으로 살다 세월이 흘러 이사를 가게 되었는데, 그곳에서 몇 년 전 자신과 비슷한 처지의 화성인을 만난 금성인. 처음에는 옛날 생각도 나고 해서 이해하고 참으려 했지만 결국 폭발해 화성인을 비난하고 적대시하는 처지가 된 금성인도 많습니다. 이렇게 위치가 바뀌어도 이해를 못하는 게 인지상정이고 층간소음의 특징 중 하나입니다.

그렇다고 서로를 이해하는 마음을 버려서는 안 됩니다. 층간소음은 역지사지가 중요하기 때문입니다. 이게 말처럼 쉽지는 않지만 서로가 극단적인 결과를 맞이하지 않기 위해서는 꼭 지녀야 할 자세입니다.

한 번 층간소음 피해를 입은 사람은 평생 동안 트라우마로 남습니다. 층간소음이 덜하다는 주상 복합으로 비싼 돈을 들여 이사했지만 여전히 소음에 시달리기도 하고, 복층 테라스형 아파트가 괜찮다고 해서 이사했더니 이번에는 아랫집 소음이 올라와 힘들어하는 경우도 있습니다. 단독 주택으로 이사하고 싶은 마음은 굴뚝같지만 아이들을 키우는 부모 입장에서는 보안 문제도 그렇고 교육 문제, 비용 문제도 만만치 않은 게 현실입니다. 설사 단독 주택으로 이사를 간다 해도 옆집 소리, 주변 소리, 길거리 소리, 심지어 개 짖는 소리까지 들려와 힘들어하는 분도 있습니다. 우리나라에서 가장 비싸다는 한남더힐 아파트도 층간소음 분쟁으로 언론에 오르내리는 현실이니 층간소음의 안전지대란 대한민국에 존재하지 않는다고 보는 편이 낫습니다. 미국이나 영국, 독일, 일본같은 선진국에서도 층간소음 분쟁이 있지만 아파트 공화국인 대한민국처럼 심하지는 않습니다. 여기에는 여러 문제가 얽히고설켜 있습니다.

위에서 제시한 네 가지만이라도 잘 지켜 실천한다면 화성인과 금성인이 조금은 평화롭게 지낼 수 있을 것입니다.

PART 04

윗집 바닥은
아랫집 천장

01

내 건강 지키려다 아랫집 건강 해쳐요

"오랜 기간 이어지는 코로나19로 모두 많이 지쳐 있다. 집에 있는 시간이 더 많아진 요즘, 우울함을 떨쳐버리고 새해를 맞아 다시 한 번 힘내서 코로나19를 이겨내자는 응원을 담은 영상이다."

2021년 1월 보건복지부 유튜브에 이른바 '집콕 댄스'가 소개되었습니다. 노인부터 학생까지 6명이 집에서 춤을 추는 영상을 처음 봤을 때 제 눈을 의심했습니다. 저도 모르게 헛웃음과 탄식이 나왔습니다. 하루에도 몇 명씩 사람이 죽어나가는데 즐겁게 춤추는 것도 그렇지만, 온 가족이 쿵쿵거리며 똑같은 동작을 반복하는 모습이 기이하게만 보였습니다. 아이 한 명이 뛰어도 아랫집 사람에게는 스트레스인데, 6명이 동시에 뛴다면 공명 현상이 일어나 아랫집뿐만 아니라 윗집까지 천둥소리처럼 들릴 텐데 말입니다. 이걸 다른 곳도 아니고 보건복지부에서 홍보한다는 사실에 기가 막혔습니다.

　보건복지부 관계자가 코로나19로 인한 층간소음 민원이 지난 1년 사이에 50퍼센트 이상 증가했다는 사실을 인지했더라면 이런 영상은 만들지 않았을 것입니다. 폭행과 살인 사건으로 빈번하게 번지는 층간소음의 심각성이 정부 관계자들에게는 남의 이야기가 아닌가 싶은 생각마저 들었습니다. 이 영상을 보고 많은 이들이 전화를 걸어왔습니다.

　"소장님, 윗집 사람이 국가에서 하라고 했다고 하면 어떡하죠?"

　"이번 기회에 정부의 인식을 싹 바꿔야 합니다."

　결국 정부는 "코로나19로 인한 우울과 좌절을 역동적이고 힘찬 댄스를 통해 극복해보자는 메시지를 주기 위해 춤추고 노래하는 영상을 게시했다. 층간소음 등의 문제를 고려하지 못한 것에 대해 죄송하다"며 사과했지만, 국민의 분노는 쉽사리 가라앉지 않았습니다. 설상가상으로 이 사건 며칠 후에는 유명 연예인의 층간소음 문제가 크게 보도되었습니다. 그가 아이들과 함께 집에서 야구와 캐치볼을 하는 모습은 충격 그 자체였습니다. 특히 운동화를 신은 그의 모습이 큰 비난을 받았습니다. 아무리 튼튼한 공동 주택이라 해도 운동장에서 하는 놀이를 하면 그 충격음이 그대로 아랫집으로 전달됩니다. 윗집 아이들이 즐겁게 뛰어놀 때 아랫집은 극심한 스트레스를 받고 있을 것입니다. 결국 그 연예인이 공개 사과하는 것으로 일단락되었지만, 이 두 가지 사건은 많은 국민에게 층간소음의 폐해와 실상을 널리 알린 계기가 되었습니다.

코로나19로 인해 홈트족이 늘어났습니다. 홈트는 집이란 뜻의 영어 단어 '홈(home)'과 운동을 뜻하는 '트레이닝(training)'의 합성어입니다. 헬스장을 방문하지 않고 집에서 운동하는 것을 홈트라고 합니다. 또는 홈짐(home+gym)이라고도 합니다.

코로나19 이전에도 홈트로 인한 층간소음 민원이 많았습니다. 특히 2003년경 층간소음 문제가 한창 사회 문제로 부각되던 시기, 아파트 분양에 나선 건설 회사들은 층간소음 문제를 이용해 자신들의 이익을 채우는 데 열을 올렸습니다. 층간소음은 소비자들에게 생존의 문제인데, 그들에게는 분양가를 올리는 중요한 소재였습니다. 그래서 '층간소음에도 안전하다'는 홍보 문구가 유행했습니다. 특히 가장 유혹적인 단어는 러닝머신이었습니다.

"이제 집에서 러닝머신을 마음껏 이용해도 됩니다."

베란다에 러닝머신을 놓는 게 유행인 시절이었습니다. 매트도 설치하지 않고 밤낮으로 러닝머신을 타는 까닭에 아랫집 민원이 폭주했습니다. 윗집에서는 "시공사에서 러닝머신을 타도 된다고 했는데 당신이 무슨 상관이냐?" "우리 집에서 맘대로 운동도 못하냐"고 역정을 냈고, 그 소리와 진동을 밤낮으로 들어야 하는 아랫집은 지옥 같은 나날을 겪어야 했습니다.

그런데 요즘은 러닝머신뿐만 아니라 실내 자전거에 줄넘기를 하는

사람도 있습니다. 심지어는 가정용 DDR 펌프 게임기를 설치해 밤낮으로 뛰는 사람도 있습니다.

자신의 건강을 위해 시작한 홈트가 아랫집에는 건강을 해치는 원인이 될 수도 있습니다. 그렇다고 홈트가 다 나쁜 것은 아닙니다. 요가나 푸시업 같은 걸 나쁘다고 할 사람은 없을 것입니다. 문제가 되는 것은 달리기나 줄넘기·DDR 같은, 바닥에 충격음을 가하는 운동입니다.

요즘은 저소음 러닝머신이 많이 출시되기는 했지만, 그래도 매트를 깔아 조금이라도 진동을 흡수하는 게 좋습니다. 시중에 40밀리미터 넘는 매트나 방음제를 많이 판매하고 있으니 참고하세요.

02

층간소음보다 고통스러운
벽간 소음을 아시나요?

"그동안 늦은 새벽까지 벽간 소음에 사과는커녕 안하무인 뻔뻔한 태도로 시끄럽게 웃고 떠들던 친구들이 ○○○○ 멤버였다. 한 멤버는 내게 엘리베이터에서 대놓고 '그때 XX하던 X 아니야?'라고 했다."

2021년 3월, 6인조 인기 걸그룹이 벽간 소음 논란에 휩싸였습니다. 그들의 옆집 주민이 한 온라인 커뮤니티에 글을 올려 폭로한 것입니다. 그 주민에 따르면 걸그룹 멤버들이 새벽까지 떠들고 음악을 크게 틀어놓아 자신의 수면을 방해했다고 합니다. 몇 번의 항의에도 조심하거나 배려하지 않고 수시로 스피커를 틀어 소음을 일으켰으며, 여러 사람 앞에서 자신을 조롱했다고 주장했습니다. 이 보도를 접하며 올 것이 왔구나 하는 생각이 들었습니다. 그동안 층간소음 문제는 수많은 언론에서 보도했지만, 벽간 소음이 이슈화된 적은 거의 없었기 때문입니다. 그나마 걸그룹이기 때문에 기사화까지 된 이 사건을 접하며 벽간 소음 문제가 더 많이 알려졌으면 좋겠다는 생각을 했습니다. 벽간 소음 때문에 살인 사건도 일어나는 게 현실입니다.

2018년 부산의 한 아파트에서 50대 남성이 문을 세게 닫는다며 이웃을 흉기로 살해해 경찰에 붙잡혔습니다. 경찰 조사 결과, 가해자는 옆집에 사는 피해자를 찾아가 "출입문을 왜 세게 닫냐"며 다투다 흉기를 휘둘렀습니다. 피해자는 병원으로 옮겨졌지만 결국 숨졌습니다. 2021년 춘천에서는 옆집의 소음 때문에 불면증을 앓던 50대 남성이 고무망치로 옆집 주민의 머리를 수차례 때린 사건도 있었습니다.

이번에 문제가 된 걸그룹 멤버들이 거주하는 곳은 오피스텔이고, 살인 사건과 폭력 사건이 일어난 곳은 복도식 아파트입니다. 이렇듯 벽간 소음은 오피스텔이나 복도식 아파트, 원룸, 빌라 등 벽과 벽 사이가 길게 늘어진 곳에서 자주 발생합니다. 층간소음을 피해 하루라도 편히 자려고 비싼 돈 주고 호텔에 투숙했더니 벽간 소음 때문에 한숨도 자지 못했다는 사람의 웃픈 이야기도 있습니다.

코로나19로 인해 재택근무와 온라인 수업이 늘어났고, 이에 따라 공동 주택에서의 층간소음 민원도 크게 늘어났습니다. 언론에서는 코로나19 시대에 주목해야 할 사회 현상으로 층간소음 문제를 크게 다루기 시작했고, 저 또한 각종 언론 인터뷰와 민원으로 바쁘게 보내야 했습니다. 이런 관심과 참여 덕분인지 국토교통부는 아파트 층간소음을 줄이기 위해 시공 이후 바닥 충격음 차단 성능을 확인하도록 했습니다. 하지만 옆집의 소리가 벽을 타고 고스란히 전달되는 벽간 소음 문제는 여전히 사각지대로 남아 있습니다. 벽간 소음에 대한 대책은 아직 없는 상황입니다. 특히 세대가 다닥다닥 붙어 있는 복도식 노후 아파트, 원룸, 쪽방촌, 고시원 등의 벽간 소음이 더욱 심각한 상태입니다.

많은 전문가들은 벽간 소음이 부실시공 때문일 가능성이 높다고 말합니다. 세대 간 벽 사이에 넣는 단열재가 소리를 흡수하는 역할을 하는데, 이 단열재 양이 부족하거나 성능이 떨어질 경우 소음 피해가 발생할 수 있다는 겁니다. 실제로 2019년 감사원이 발표한 층간소음 저감 제도 운영 실태 분석 결과도 이를 뒷받침합니다. 조사 대상의 60퍼센트에 해당하는 114세대가 최소 성능 기준에도 미치지 못한 것으로 밝혀졌기 때문입니다.

혹시 여러분이 벽간 소음에 시달리고 있다면 시중에서 판매하는 석고보드를 해당 벽에 세 겹 정도 대거나 소음 차단 방음재와 흡음재를 붙이는 것이 좋습니다. 붙박이장이나 책장을 벽에 세워두는 방법도 효과적입니다. 이는 집에 벽을 하나 더 만들어 옆집에서 들리는 벽간 소음을 차단하는 것인데, 현장에서도 추천하고 있고 효과를 많이 보는 방법입니다.

대부분 소리와 진동이 전달되는 층간소음과 달리 벽간 소음은 사람의 말소리나 변기 물 내리는 소리, 휴대폰 진동 소리, TV 소리 등

생활 소음이 그대로 전달되는 경우가 많습니다. 그래서 마치 옆집과 함께 사는 것 같은 기분이 듭니다. 이렇다 보니 체감상 층간소음보다 더 스트레스를 받습니다. 층간소음보다 덜 이슈화되어 그렇지 고통은 층간소음보다 더하면 더했지 덜하지 않습니다. 지금이라도 벽간 소음에 대한 지속적인 관심과 합리적이고 체계적인 제도 마련이 필요합니다.

03

소음 예절도 조기 교육이 필요한 시대

"어린이 여러분, 안녕하세요? 저는 주거문화개선연구소의 차상곤 소장이라고 합니다. 오늘 저와 함께 층간소음에 대해 이야기하는 시간을 가져보도록 해요."

가끔 초등학교 초청으로 아이들을 만나러 갑니다. 초등학교에서 강의 요청이 들어오면 스케줄이 아무리 바빠도 가려 합니다. 층간소음 발생 원인 1위가 바로 아이들 뛰는 소리이기 때문입니다. 아이들에게 사전 교육을 제대로 시키는 것만으로도 층간소음 문제의 반은 해결할 수 있습니다. 그래서 가정에서뿐만 아니라 학교에서도 주기적이고 반복적인 층간소음 교육이 필요합니다.

2014년 자체적으로 층간소음 교육 프로그램을 만들어 시행한 학교가 있습니다. 수원에 있는 한일초등학교입니다. 이 학교의 교장 선

생님은 악기 소리, 화장실 물소리, 반려견 짖는 소리, 세탁기 소리 등 여러 층간소음 발생 원인 중 가장 큰 것이 아이들 뛰는 소리라는 데서 착안해 층간소음 방지 교육을 시작했습니다. 교육 내용은 한 줄 서기, 실내 정숙, 큰 소리 지르지 않기, 절대로 뛰지 않기 등 생활 속 습관을 실천하는 데 주력했습니다. 또 학생의 흥미와 관심을 유발하기 위해 캐릭터 및 표지판을 활용한 안내와 이웃 간 배려 및 실천 방안 소개, 학급별 모범 어린이 표창과 사례 공유 등을 병행했습니다. 그 결과 층간소음 방지 교육을 위한 아파트 생활 매너 교육 프로그램이 성과를 거두고 있다고 합니다. 참으로 시대를 앞서간 교장 선생님이 아닐 수 없습니다.

수원 한일초등학교를 비롯해 몇몇 학교가 자발적으로 층간소음 교육 프로그램을 운영한 덕분인지 지자체와 정부에서도 관심을 갖게 되었습니다. 2017년 서울시는 우리 생활 속의 소리와 소음에 대한 이해를 바탕으로 에티켓 함양을 통해 생활 소음을 줄이는 방법을 반영한 교육 과정과 교재를 개발했습니다. 그다음 해인 2018년부터는 '학교로 찾아가는 소음 교육'을 본격적으로 실시해 한 해 동안 초등학교 3~4학년 1769명을 대상으로 150회의 교육을 진행했습니다. 이 프로그램은 단순한 층간소음 예방 교육이 아닌 소리와 소음의 상대성에 집중하고, 흥미로운 교구를 활용해 학생들이 스스로 생활 속에서 자연스럽게 소음 줄이는 방법을 생각해볼 수 있는 교육으로 이뤄졌습니다. 이는 모두 환경부 법정법인인 환경보전협회에서 신설한 '층간소음 예방 교육'이 있었기에 가능했습니다.

'층간소음 예방 교육'은 유아 및 초등학교 1~2학년에게 층간소음 예방 교육을 실시함으로써 층간소음 갈등의 주요 발생 원인인 어린이 뛰는 소리의 문제를 해결하고, 어린이에게 이웃에 대한 이해와 배려 그리고 올바른 환경 가치관 및 행동 정착을 유도하는 데 목적이 있습니다. 이 교육은 유아 6개, 초등학생 3개의 프로그램을 운영합니다.

- **만 3~4세**: 아름다운 소리로 이웃과 지내요, 우리 모두 배려의 소리를 내요, 아름다운 소리가 나는 집
- **만 5세**: 이웃의 입장이 되어보아요, 사뿐사뿐 걸어요, 층간소음 해결 실전 퍼즐
- **초등학교 1~2학년**: 나만의 소리 시계를 만들어요, 불편한 소리를 줄여요, 배려의 소리를 약속해요

환경보전협회는 매년 증가하는 층간소음 갈등 해결을 위해 2014년부터 환경부와 함께 어린이를 대상으로 '찾아가는 층간소음 예방 교육'을 운영하며, 유아·어린이의 눈높이에 맞춘 교재와 교구를 개발 및 보급해오고 있습니다. 그뿐만 아니라 '학부모-자녀' 대상 가족 교육도 실시하고 있습니다. 기존에 운영하던 기관 대상 방문 교육에서 더 나아가 부모와 자녀가 함께 교육을 들음으로써 가정에서 실제 적용할 수 있도록 하기 위함입니다.

아이들에게 층간소음 교육을 시키고 싶은 유치원이나 학교는 02-3407-1577로 신청하면 됩니다. 교육은 사전 예약제로 운영하며, 온라인 신청을 통해 가능합니다. 홈페이지 주소는 http://www.noisedu.com/main입니다. 홈페이지에는 아이들에게 필요한 층간소음 학습 자료와 동영상 자료도 많이 있으니 참고하시면 좋을 듯합니다.

아이들의 층간소음 교육을 엄마와 아빠에게만 맡기기에는 한계가 있습니다. 부모님들도 제대로 된 층간소음 교육을 받지 못했기 때문에 겁박과 회유를 반복할 수밖에 없습니다. 층간소음 문제가 커다란 사회 문제로 확산하고 있는 요즘, 학교에서도 체계적이고 지속적인 교육 프로그램이 필요할 때입니다. 층간소음 방지가 아이들 사이에서 하나의 예절 문화로 정착되는 날이 얼른 왔으면 좋겠습니다.

아이들의 층간소음 교육에 필요한 추천 도서

901호 띵똥 아저씨

이욱재 | 노란돼지 | 2014년 5월 16일

층간소음 문제를 지혜롭게 풀어낸 그림책입니다. 소음을 줄이려는 노력과 배려하고 이해하려는 노력이 가장 우선되어야 한다는 다소 무거운 주제를 작가가 재미있는 이야기로 편안하게 말하고 있습니다. 그 집에 살고 있는 사람들이 사랑으로 행복한 생활 공간을 만들어가자는 의미 있는 목소리가 담긴 작품입니다.

우당탕탕, 할머니 귀가 커졌어요

엘리자베드 슈티메르트 | 비룡소 | 1999년 9월 30일

윗집에 아이들이 새로 이사 오자 아랫집 할머니는 툭하면 뛰어 올라와 시끄럽다고 야단입니다. 아이들은 생쥐처럼 음식도 조금 먹고 엉금엉금 기어 다니고 귓속말로 작게 속삭이며 말합니다. 그러자 아랫집 할머니는 윗집에 무슨 일이 일어난 것 아닌지 하는 궁금증 때문에 귀를 쫑긋 세우고 들리지 않는 소리를 들으려고 애쓰다가 '못 들어서 생기는 병'에 걸려 귀가 커지게 됩니다. 결국 의사는 할머니의 병이 시끄러운 소리를 들어야 나을 수 있다는 처방을 내립니다. 혼자 사는 할머니와 시끄러워야 정상인 아이들의 화해가 재미있습니다.

왜 뛰면 안 돼요?

김이연 | 정글짐북스 | 2013년 6월 20일

이 책은 아이들에게 층간소음에 대한 이야기를 효율적으로 전달합니다. 왜

집에서는 뛰면 안 되는지 그 이유를 역지사지와 배려의 개념을 통해 찬찬히 일러줍니다. 윗집과 아랫집이 마법으로 바뀌어버린 상황에서, 윗집이 쿵쿵 소음을 내면 아랫집은 얼마나 불편하고 괴로운지 체험하게 합니다. 그냥 뛰지 말라는 말보다 입장을 바꾼 가상의 체험이 아이들한테 훨씬 설득력 있게 다가옵니다.

공룡이 쿵쿵쿵

윤미경 | 국민서관 | 2018년 11월 24일

공룡처럼 날마다 쿵쿵 뛰는 윗집 아이와 아랫집 무지개 아줌마, 그리고 여러 동물 친구들을 통해 풀기 쉽지 않은 이야기를 유쾌하고 재미있게 동화로 풀어냈습니다.

더 이상 못 참아!

허은실 | 소담주니어 | 2015년 10월 15일

꼬마 코끼리 코보와 곰 아줌마의 이야기를 통해 이웃끼리 서로에 대해 잘 알고 입장을 바꿔서 생각하면 층간소음 문제를 생각보다 쉽게 해결할 수 있다는 것을 보여줍니다. 그렇게 다른 사람의 기분과 생각을 존중하고 배려할수록 우리의 삶이 더 따뜻하고 행복해진다는 것을 느끼게 해줍니다.

윗집은 밤마다 시끄러워!

맥 바넷 | 마술연필 | 2018년 3월 20일

미취학 아동에게 층간소음에 대한 개념을 설명하고 이해를 구하는 것은 사실상 어려운 일입니다. 말이 통하지 않다 보니 결과적으로 아이들에게 불쑥 화를 내기도 합니다. 이 책을 함께 읽으며 우리 윗집에서는 어떤 일이 일어나고 있는지, 우리 집에서 나는 소리가 아랫집에서는 어떻게 들릴지 이야기해 보세요.

04

개 소음 방지법을 만들어주세요

"개 소음 방지법을 만들어주세요."

"개 소음으로 인한 피해는 어디로 신고해야 하나요?"

"층견 소음 및 반려견에 대한 처벌을 강화해주세요."

2018년 청와대 국민청원게시판에 올라온 내용입니다. 층견 소음에 대한 민원은 2015년부터 꾸준히 증가하고 있습니다. 과거에는 아파트나 빌라에서 개를 키우는 게 쉽지 않았습니다. 층견 소음의 피해를 당하는 사람들이 강하게 항의할 뿐만 아니라 개 주인들도 '아파트에서 개를 키울 때는 이웃을 먼저 생각해야 한다'는 의식이 있어 조심하고 또 조심했기 때문입니다. 그런 까닭에 층견 소음이 수면 위로 드러나지 않았습니다.

하지만 최근 들어 개를 대하는 사람들의 태도가 달라졌습니다. 단순한 동물로서 개가 아니라 자신과 일생을 같이하는 가족 구성원으로 받아들이기 시작한 것입니다. '가지고 논다'는 의미가 강한 애완견(愛玩犬)이라는 말보다 반려견(伴侶犬)이라는 단어가 더 많이 통용되는 것도 이러한 인식 변화를 대변합니다. 강아지 이름을 예전의 '쫑'이나 '메리' 같은 애칭보다 '보슬' '하은' '다솜'같이 사람 이름에 가깝게 짓는 것도 달라진 추세 중 하나입니다.

반려견을 위한 카페나 호텔의 등장은 이제 뉴스거리도 되지 않습니다. 죽은 반려견을 위한 납골당이 등장하는가 하면 유산 상속을 하는 사람도 생겨나고 있습니다. 실제로 오프라 윈프리는 자신의 반려견에게 300만 달러(약 35억 원)가량을 유산으로 남기겠다고 밝혔고, 독일의 한 부유한 백작 부인은 약 1억 4000만 달러(약 1700억 원)를 반려견에게 상속하기도 했습니다.

현재 우리나라에서는 층견 소음에 대한 명확한 규제 기준이 존재하지 않습니다. 정부에서는 반려견이든 어떠한 동물이든 공동 주택에 사람과 함께 거주하는 것을 불법으로 간주하고 있으므로 층견 소음 기준 등 관련법을 제정하기가 쉽지 않습니다.

다시 말하면 공동 주택에서 반려견과 함께 생활하는 것 자체가 불법적인 행위인데, 층견 소음에 대한 법 기준을 만든다면 공동 주택에서 반려견의 존재를 인정하는 셈이 됩니다. 그러나 세태가 많이 바뀌었으니 법 개정을 통해 층견 소음에 대한 규제 기준을 만들어야 할 필요가 있습니다. 서울시가 25개 자치구를 대상으로 반려동물 소음 관련 민원 통계를 조사한 결과 2015년 1377건, 2016년 1505건, 2017년 1317건(9월 말 기준)으로 나타났습니다.

반려동물 1000만 시대입니다. 아파트에서의 반려견 소음 문제를 더 이상 미뤄서는 안 됩니다. 이 문제에 접근하기 위해서는 프랑스의 사례를 참조하는 게 좋습니다. 최근 프랑스 북부의 소도시 푸키에르 (Fouquieres)에서는 반려견이 심하게 짖어 소음을 유발하면 68유로(약 8만 6000원)의 벌금을 부과하는 제도를 시행한다고 밝혔습니다. 물론 반려견을 금지하거나 개가 한 번 짖는다고 무조건 벌금을 부과하는 것은 아닙니다. 개를 키우고 싶으면 교육을 제대로 해야 한다는 취지가 담겨 있습니다.

개를 키우는 사람은 개를 자신의 가족과 같은 존재로 인식합니다. 그래서 성대 수술을 하거나 집 밖에서 키우는 것을 받아들이기 쉽지 않습니다. 그렇다고 방법이 없는 건 아닙니다. 우선 잘 짖는 개라면 반복적으로 짖는 원인이 무엇인지 살펴봐야 합니다. 보통 강아지들은 스트레스가 심해지면 더 많이 짖곤 합니다. 언제 어떤 상황에서 반려견이 특히 많이 짖는지 파악한 뒤 그 원인을 제거하면 횟수와 정도가 현저히 줄어듭니다. 짖음이 멈추었을 땐 특별한 간식으로 보상하는 게 좋다는 것이 반려견 전문가의 전언입니다.

운동은 반려견의 스트레스를 해소해주는 가장 좋은 방법입니다. 산

책을 충분히 시키고, 놀이 시간도 길게 주는 등 운동량을 늘려야 합니다. 운동으로 스트레스가 해소되면 습관적으로 짖는 행위는 자연스럽게 줄어들 가능성이 높습니다.

제가 상담하면서 체험으로 터득한 것 중 하나가 반려견을 홀로 두고 외출할 때는 반드시 외부 창문을 닫고 라디오나 TV 소리를 약하게 틀어놓으라는 것입니다. 라디오나 TV 소리가 들리면 반려견은 집에 누군가와 함께 있다고 인식해 잘 짖지 않기 때문입니다. 이런 작은 실천만으로도 층견 소음을 반으로 줄일 수 있습니다.

05

인테리어 공사는 층간소음의 씨앗

"공사 그만하고 나와! 이제 너랑 나랑은 잘 지내기 글렀다. 이사 오면 두고 보자."

윗집의 인테리어 공사가 시끄럽다며 아랫집 여성이 가스총을 발사한 사건이 있었습니다. 2015년에 경북의 한 아파트에서 실제로 벌어진 일입니다. 이 여성은 폭력 행위 등 처벌에 관한 법률 위반, 총포·도검·화약류 등의 단속법 위반 혐의로 기소되어 징역 8월에 집행유예 2년을 선고받았습니다. 법원은 80시간의 사회봉사 활동도 함께 명했습니다.

이 기사를 처음 접하고 저는 아랫집 여성의 심정이 이해되었습니다. 제가 상담을 통해 만나본, 인테리어 소음으로 인한 피해자들의 마음이 꼭 저러했기 때문입니다. 생각만 하고 행동으로 옮기지 않았다는 게 다르다면 다를 뿐입니다. 이웃의 동의도 얻지 않은 채 공사를 시작해 밤낮을 가리지 않고 소음을 일으키는 경우가 의외로 많습니다. 참다못해 항의를 하면 "우리 집을 고치는 데 당신이 무슨 참견이냐?"고 말하는 사람도 있고, "이웃끼리 이런 것도 이해 못하냐? 그렇게 시끄러우면 잠시 나가 있으라"고 말하는 사람도 있습니다.

또 주말이나 공휴일에도 공사를 진행해 이웃에 민폐를 끼치기도 합니다. 약속했던 기간을 넘기고도 아무런 공지나 양해를 구하지 않은 채 공사를 이어가기도 합니다. 관리를 소홀히 한 탓에 인부들이 작업하며 음악을 크게 틀어놓거나 담배를 피워 층간 흡연 문제를 일으키기도 합니다.

이로 인한 피해는 고스란히 이웃이 받게 됩니다. 평생 층간소음을 모르고 살다 인테리어 소음 때문에 귀가 트여 고생하는 분도 많습니다.

가스총을 쏜 분은 죄를 지은 게 맞습니다. 잘했다고 두둔하는 게 아닙니다. 단지 그분 입장에서 얼마나 힘들고 괴로웠으면 그런 행동까지 했을까, 다 함께 생각해보자는 것입니다. 그분은 답답하고 억울했을 겁니다. 처음부터 가스총을 쏘거나 폭력을 휘두르지는 않았겠죠. 참다 참다 항의했을 테고, 그럼에도 고쳐지지 않자 행동으로 보여줬을 겁니다. 층간소음 문제를 다루다 보면 이런 일이 종종 일어납니다. 피해자가 어느 순간 가해자가 되는 경우 말입니다. 가스총을 쏜 분은 인테리어 공사 소음으로 인한 피해자였습니다. 하지만 가스총을 들고 윗집으로 올라가 발사하는 순간 폭력 가해자가 되었습니다. 이렇게 가해자 신분이 되면 왜 가스총을 발사할 수밖에 없는 지경에 이르렀는지는 중요하지 않게 되고, 사람들은 그걸 이해하려고도 하지 않습니다. 그래서 저는 이런 기사와 뉴스를 내보내는 언론에도 문제가 있다고 생각합니다. 단순한 가십거리로 치부해 층간소음으로 고통받는 사람의 심정을 대변하지 못하기 때문입니다. 재판에서 판결이 났다는 이유로 "네가 나쁜 사람이야"라고 결론짓는다면 층간소음 문제 해결은 요원합니다.

그렇다면 인테리어 공사로 인해 발생할 수 있는 층간소음 문제를 예방하는 방법은 없을까요? 우선 공동주택관리법에 따라 공동 주택 내의 공사는 입주자들로부터 일정 비율 동의를 얻어야만 진행할 수 있다는 것을 알아야 합니다. 앞서 언급했듯 공사업체를 통하는 것보다 집주인이 직접 이웃과 인사를 나누며 동의를 얻는 게 좋습니다. 공사 안내문은 동별 게시판이나 엘리베이터 안에 붙이고, 공사가 끝난 후에는 고맙다는 인사를 전하세요. 메모와 함께 20리터짜리 쓰레기봉투나 비누·세제 같은 생활용품을 집집마다 선물하는 것도 좋습니다.

공사 기간은 3주일을 넘지 않도록 하며, 시간은 오전 10시부터 오후 5시까지가 적당합니다. 방학이나 휴가 기간을 이용할 경우 추운 겨울보다는 소음을 피해 밖으로 나갈 수 있는 여름이 좋습니다.

공사 담당자에게는 소음 방지를 위해 박스나 매트를 깔아달라고 부탁합니다. 철거물이나 부품을 바닥에 던지는 것을 자제시키고 담배를 피우지 못하도록 해야 합니다. 인테리어 공사를 하며 집 안에서 담배를 피우는 인부가 의외로 많습니다. 특히 추운 겨울날에는 밖으로 나가기 귀찮다는 이유로 화장실이나 베란다에서 담배를 피워 또 다른 분쟁을 낳기도 합니다. 꼭 흡연을 해야겠다면 밖으로 나가서 피울 것을 계약 당시 분명히 적시해두는 게 좋습니다.

이런 작은 노력과 배려가 인테리어 공사로 인한 분쟁을 줄일 수 있는 지혜임을 잘 기억해주시기 바랍니다.

06

층간 흡연의 고통을 아시나요?

'혹시 나도 코로나19에 감염되지 않았을까?'

2020년 8월 서울 구로구의 한 아파트에서 28명의 코로나19 확진 자가 발생했습니다. 서로 접촉이 없었던 이들의 집단 감염 경로는 큰 화제가 되었습니다. 예측 가능한 전염 경로는 엘리베이터, 공동 출입 문, 화장실, 주방 환기구 등이었습니다. 그중에서 가장 유력한 것은 화 장실과 주방 환기구였습니다. 이 아파트는 복도식이었기 때문입니다. 공동 출입문과 엘리베이터에서 전파되었다면 감염자들은 층수와 호 수에 상관없이 무작위로 나타나야 합니다. 한데 감염자들은 모두 같 은 라인 사람이었습니다.

공동 주택인 아파트는 같은 라인에서 환기, 급수, 배수 등을 공동으 로 사용합니다. 이로 인해 코로나19 바이러스가 감염자의 비말이나 대소변 등을 통해 같은 라인으로 전염되었다는 설이 유력했습니다. 2003년 사스 바이러스가 한창 유행할 때 홍콩의 한 아파트 라인 전체가 감염된 것도 바로 화장실 환기구를 통해 확산했기 때문입니다. 2020년 파주 스타벅스 매장에서 64명이 코로나19에 집단 감염된 것 또한 같은 원리입니다.

바이러스도 이러한데 담배 연기는 더 빠르고 넓게 퍼집니다. 화장실에서 피우는 담배 연기는 환풍기를 타고 위·아랫집을 오르내립니다. 5층에서 담배를 피웠는데 11층에서 냄새가 난다고 항의하는 것도 이 때문입니다. 화장실에서만 냄새가 나는 게 아니라 계단과 복도, 현관문 틈으로 연기와 냄새가 들어올 수 있습니다. 담배를 가장 많이 피우는 장소 1위를 차지한 베란다도 예외는 아닙니다. 담배 연기는 공기를 타고 쉽게 퍼지기 때문에 옥상까지 올라갈 수 있습니다.

"내 집에서 담배도 마음대로 못 피우냐?"

"내 집에서 담배 피우겠다는데 무슨 참견이냐?"

"술 마시다 담배 피우러 밖에 나가야 하나? 이 추운 겨울에?"

실내 흡연을 하는 분들이 가장 많이 하는 말입니다. 지금도 큰일 볼 때는 꼭 신문과 담배가 있어야 한다는 분이 꽤 있습니다. 화장실 흡연은 반드시 삼가야 합니다. 앞에서 설명한 것처럼 같은 라인 사람들에게 간접흡연 피해를 줄 수 있기 때문입니다.

담배 연기는 두 종류로 나뉩니다. 담배 끝에서 나오는 부류연(副流

煙)과 흡연자가 들이켰다가 내뿜는 주류연(主流煙)이 그것입니다. 몇 종의 발암 물질은 주류연보다 오히려 부류연에 훨씬 많다고 합니다. 간접흡연자는 대체로 주류연보다 부류연에 많이 노출되는 것으로 알려져 있습니다. 즉 담배 연기를 들이켜고 내뿜을 때보다 담배를 잠시 손에 들고 있을 때 더 피해를 본다는 것입니다.

국가암정보센터의 자료에 의하면 간접흡연에서 부류연의 비율이 85퍼센트라는 통계도 있습니다. 층간 흡연 피해자들은 자기 의지와 무관하게 윗집이나 아랫집에서 피워대는 담배 연기를 흡입하고 있는 것입니다. 잘 알려져 있다시피 담배는 폐암을 유발할 뿐 아니라 췌장암 위험을 5배 이상 높입니다. 특히 임산부나 성장기에 있는 아이들에게 좋지 않은 영향을 끼칩니다. 간혹 전자 담배는 연기도 안 나고 냄새도 좋아 괜찮다고 주장하는 분이 있는데 일반 담배보다 더 해롭다는 연구 결과가 많이 있습니다.

국민권익위원회의 연구 〈층간 흡연과 층간소음에 관한 민원 분석〉(2016)에 의하면 층간 흡연은 민원의 57.5퍼센트를 차지해 층간소음(42.5퍼센트)에 비해 그 비중이 높을 정도로 심각한 상황입니다. 그렇다면 집에서 담배를 피우는 걸 막을 방법은 없을까요? 간접흡연 피해자들은 이대로 당할 수밖에 없을까요? 예전에는 층간 흡연에 관한 법적 근거가 없었습니다. 하지만 2018년 공동주택관리법을 개정하면서 층간 흡연에 대한 법적 근거가 마련되었습니다. 공동주택관리법 제20조의2는 아래와 같이 담배 문제를 규정하고 있습니다.

1 공동 주택의 입주자 등은 발코니, 화장실 등 세대 내에서의 흡연으로 인하여 다른 입주자 등에게 피해를 주지 아니하도록 노력하여야 한다.

2 간접흡연으로 피해를 입은 입주자 등은 관리 주체에게 간접흡연 발생 사실을 알리고, 관리 주체가 간접흡연 피해를 끼친 해당 입주자 등에게 일정한 장소에서 흡연을 중단하도록 권고할 것을 요청할 수 있다. 이 경우 관리 주체는 사실 관계 확인을 위하여 세대 내 확인 등 필요한 조사를 할 수 있다.

3 간접흡연 피해를 끼친 입주자 등은 제2항에 따른 관리 주체의 권고에 협조하여야 한다.

4 관리 주체는 필요한 경우 입주자 등을 대상으로 간접흡연의 예방, 분쟁의 조정 등을 위한 교육을 실시할 수 있다.

하지만 이 법은 강제성이 없어 실효성이 떨어집니다. 다른 방법으로는 민법 제217조 '매연 등에 의한 인지에 대한 방해 금지'에 의거해 민사소송을 선택할 수도 있습니다. 하지만 이 또한 피해 정도에 대한 명확한 기준 부족과 증거 수집이 불가능해 현실적 대안이 되지 못합니다. 현재로서는 세대 내에서 흡연을 자제하고 외부의 지정된 장소에서 흡연을 권하는 방법밖에 없습니다. 층간 흡연을 줄이기 위해 여러 아파트에서 단지 내에 흡연실을 만들었지만 코로나19로 인해 이마저 여의치 않게 된 것은 아쉬운 일입니다.

담배 연기로 심한 고통을 당하고 있는 분들은 화장실 환풍기에 댐퍼(damper)를 설치하는 게 좋습니다. 댐퍼는 시중에서 쉽게 구할 수 있는데, 이것만으로도 담배 연기를 차단할 수 있으니 꼭 설치해보십시오.

그렇다면 해외에서는 어떨까요? 미국의 공동 주택은 주로 사업자가 소유하고 임대·관리하는 형태로, 소유주는 아파트 청결을 위해 자체적으로 강력한 금연 정책을 펼치고 있습니다. 덴마크의 경우에는 2009년 공동 주택 내 흡연을 금지하는 법률을 제정해 강력하게 규제하고 있습니다. 우리나라는 이들 국가보다 주거 특성상 아파트, 빌라 등 공동 주택이 많기 때문에 층간 흡연으로 인한 피해가 큽니다. 특히 요즘은 베란다나 계단에서 담배를 피운 후에 꽁초를 창문으로 던져 상해를 입히거나 화재를 유발하는 경우도 잦습니다. 2018년에는 아파트 복도에서 흡연 문제로 다투다 폭력을 휘두른 주민들이 경찰에 입건된 예도 있습니다.

층간 흡연 문제를 이대로 방치했다가는 더 큰 사회 문제로 비화될 수 있습니다. 하루빨리 흡연자와 비흡연자 모두가 수긍할 수 있는 제도와 솔루션이 나와야 합니다.

07

주상 복합은 층간소음이 없나요?

"층간소음 없는 아파트 어디 없나요? 언론에서는 주상 복합 아파트가 좋다던대요."

"우리나라는 벽식 구조라서 층간소음이 심해요. 기둥식 구조로 바꾸어야 합니다."

"주상 복합 아파트처럼 바닥을 더 두껍게 해야 합니다. 정부에 제안 좀 해주세요."

"100년을 간다는 '장수명(長壽命)' 아파트는 정말 층간소음이 없나요?"

2020년 코로나19가 창궐할 때 층간소음 문제가 이슈화되며 연구소로 많은 전화가 걸려왔습니다. 주로 층간소음 피해자들의 문의였습니다. 층간소음 문제를 아파트 구조에서 찾으려는 몇몇 언론의 보도 때문인지 주상 복합에 대한 문의가 유독 많았습니다. 실제로 코로나 19의 영향으로 집에 있는 시간이 많아진 탓인지 넓고 쾌적하며 교통 환경이 좋은 주상 복합을 찾는 분이 많아졌다고 합니다. 용적률 규제를 적용받고, 재건축이 사실상 불가능하고, 감가상각이 빨라 투자 가치가 떨어지던 주상 복합이 다시 인기를 끌기 시작한 것입니다. 그 배경에는 벽식 구조(壁式構造, wall construction)로 지은 일반 아파트와 달리 기둥식 구조로 지어 층간소음이 덜하다는 소문과 인식이 깔려 있습니다.

우리나라 최초의 아파트는 1956년 을지로 4가와 청계천 4가 사이에 세운 중앙아파트입니다. 3층짜리 1개 동에 12세대가 살았습니다. 한 세대의 면적은 20평으로 방 하나와 부엌, 화장실, 마루 등이 있었습니다. 연료는 연탄을 사용했는데 인기가 좋아 1970년대까지 새로운 아파트들이 속속 등장하기 시작했습니다. 이후 12층 규모로 지은 첫 민간 고층 아파트인 여의도 시범아파트를 시작으로 1980년대부터 아파트가 본격적으로 대중화되었습니다. 이 시기의 아파트는 기둥과 기둥을 연결하고 천장과 바닥을 시공하는 이른바 기둥식 구조였습니다.

"별빛이 흐르는 다리를 건너 바람 부는 갈대숲을 지나~"
가수 윤수일이 〈아파트〉를 발표할 때인 1982년만 해도 아파트는 별이 보일 정도로 공기가 좋고, 갈대숲을 거쳐야만 만날 수 있는 외딴 곳에 있었습니다. 그런데 1984년 아시안 게임과 1988년 서울 올림픽을 맞이해 목동과 상계동, 과천 등에 대규모 신도시가 개발되기 시작했습니다. 이 과정에서 기둥식 구조 대신 벽식 구조가 등장했습니다. 벽식 구조는 공사 기간도 단축하고 층고를 낮춰 공사 비용도 줄일 수 있었습니다. 이렇게 집을 대량으로 빨리 지으려다 보니 1986년 이후부터는 점진적으로 벽식 구조가 우세해졌습니다. 벽식 구조는 벽이 바닥을 받치고 있어 바닥에서 진동이 일어나면 그 모든 에너지가 벽으로 전달됩니다. 그래서 더 많은 소리가 아랫집으로 내려갑니다. 철기둥 없이 내력벽을 통해 레고식으로 쌓은 단순 구조이기 때문입니다. 벽식 아파트에서 층간소음을 둘러싼 갈등이 많은 데는 이런 구조 탓도 있는 겁니다.

이에 비해 기둥식은 바닥-보-기둥의 3중 구조로 되어 있습니다. 이렇게 3중으로 되어 있다 보니 진동의 발생과 전달 면적이 작아 층간소음에선 상대적으로 유리합니다. 2009년 국토해양부 조사에 따르면, 기둥식 구조는 벽식 구조에 비해 바닥 두께 기준이 60밀리미터 얇은데도 중량 충격음 만족 비중은 80퍼센트로 나타났습니다. 벽식 구조의 65퍼센트보다 더 높았습니다. 그 비밀의 이면에는 '보'라는 것이 있습니다. 기둥식 구조에서는 이 보 때문에 보통 3~4데시벨 정도의 소음과 진동을 줄여줍니다. 주상 복합의 고급화를 이끈 타워팰리스를 비롯한 전국의 주상 복합은 바로 이러한 기둥식 구조로 지어졌습니다.

주상 복합과 최근에 짓고 있는 몇몇 고급 아파트를 제외한 대부분의 아파트는 벽식 구조로 되어 있습니다. 앞서 언급했듯 공사 기간이 짧을 뿐만 아니라 공사 비용도 기둥식에 비해 싼 편입니다. 층고도 기둥식에 비해 낮습니다. 예를 들어 기둥식으로 40층을 지을 수 있다면, 벽식으로는 44층을 지을 수 있습니다. 2018년 한국주택협회 자료에 따르면, 벽식 구조에선 실내 층고가 평균 2.9미터, 골조 공사비는 3.3제곱미터당 66만 원 선이었습니다. 반면 기둥식은 층고 3.25미터에 공사비는 82만 원 수준이었습니다. 전용 85제곱미터 기준으로 가구당 500만 원 정도 공사비가 더 드는 것입니다.

이렇게 공사비가 더 들어가기 때문에 건설사들은 기둥식을 꺼립니다. 공사비가 올라가면 분양가도 따라 올라가 소비자들이 외면하기 때문입니다. 또한 벽식으로 하면 층고를 낮춰 기둥식보다 더 많은 세대를 분양할 수 있어 사업성이 좋아집니다. 국토부의 통계도 이 같은 사실을 뒷받침합니다. 2007~2017년까지 10년간 전국에서 공급된 500가구 규모 이상의 공동 주택을 조사해보니 95.5퍼센트(194만 가구)가 벽식 구조를 채택했습니다. 기둥식 구조는 겨우 2만 9202가구에 불과했습니다.

벽식 구조는 벽을 타고 윗집의 소음이 그대로 전달되는 반면, 기둥식 구조는 기둥으로 소음을 분산하는 효과가 있습니다. 그렇다고 주상 복합이나 기둥식 아파트에 살면 층간소음이 없다고 생각하면 큰

오산입니다. 기둥식 구조가 벽식 구조보다 상대적으로 소음이 적다는 것이지 완전히 없다는 뜻은 아니기 때문입니다. 특히 주상 복합은 주변이 상업지라 외부에서 들려오는 소음이 심한 편입니다. 또한 실평수는 동일 평수 아파트에 비해 좁은 경우가 대부분이며, 빨래를 널 수 있는 발코니 공간이 아예 없는 경우도 많습니다. 주변 개발로 인해 일조권과 조망권을 침해당할 수 있으며 관리비가 비싸다는 단점도 있습니다. 무엇보다 용적률 규제를 적용받기 때문에 재건축이 사실상 불가능해 투자 가치도 많이 떨어집니다.

층간소음 관련 커뮤니티에는 주상 복합의 층간소음 문제가 간간이 올라옵니다.

"일반 아파트보다 층간소음이 적은 것은 사실이지만 그렇다고 소음이 들리지 않는 것은 아니다. 결국 위·아랫집에 누가 사는지가 중요한 것 같다. 이웃을 잘 만나야 한다. 지금도 윗집에서 아이들 뛰는 소리가 들린다."

대한민국은 인구의 약 60퍼센트가 아파트에 사는 '아파트 공화국'입니다. 서구권 아파트들이 70~100년의 내구성을 자랑하는 반면 우리나라 아파트는 25~30년이 넘으면 재건축 이야기가 솔솔 나옵니다. 현재 우리나라 주택의 평균 수명은 약 27년으로 71년인 미국이나 80년인 프랑스, 121년인 독일보다 훨씬 빠릅니다. 그래서 요즘 '장수명' 주택이라는 용어가 유행하고 있습니다. 수명 100년을 목표로 일반 주택보다 더 튼튼하고 수리하기 쉽게 지은 주택으로, 내구성과 가

변성, 수리 용이성이라는 3대 특징을 갖추고 있습니다. 100년 장수명 아파트도 속속 등장하고 있는데, 모두 기둥식을 채택합니다. 세종 블루시티가 그 대표적인 아파트입니다. 기둥식 아파트를 찾는 분들은 장수명 주택 우수 등급 인증 여부를 살펴보는 것이 좋습니다.

근래 최고급 아파트를 지향하는 몇몇 곳은 기둥식 구조를 적용하고 있습니다. 청량리역 한양수자인 192, 청량리역 해링턴 플레이스, 서초구 방배그랑자이, 성수동 아크로 서울 포레스트, 고덕 센트럴 아이파크, 세종 트리쉐이드 리젠시, 청주 지웰시티 등이 그러합니다. 하지만 기둥식 구조로 지었다고 해서 '층간소음 제로' '층간소음 잡았다' '층간소음 없는 아파트' 같은 광고 문구에 현혹되지 않길 바랍니다. 시공사나 시행사도 이런 문구 대신 '층간소음에 강한 아파트' '층간소음을 완화한 주상 복합' 등으로 표현하는 게 좋을 듯합니다.

전국의 기둥식 아파트 리스트

[서울]

강동 밀레니얼 중흥S-클래스(2024년 예정/999세대): 강동구 천호동 423-200

갤러리아 포레(2011년/1504세대): 성동구 서울숲2길 32-14(성수동1가)

갤러리아팰리스(2005년/741세대) : 송파구 올림픽로 212(잠실동)

더샵 스타시티(2007년/1310세대): 광진구 아차산로 262(자양동)

디큐브시티(2011년/525세대): 구로구 경인로 662(신도림동)

래미안 강동팰리스(2013년/999세대): 강동구 천호대로 1077(천호동)

롯데월드타워(2016년): 송파구 올림픽로 300(신천동)

마포 한화 오벨리스크(2004년/663세대): 마포구 마포대로 33(도화동)

메세나폴리스(2012년/ 617세대): 마포구 양화로 45(서교동)[1]

목동 트라팰리스(2009년/516세대): 양천구 목동

목동 현대하이페리온 II(2006년/576세대): 양천구 오목로 300(목동)

목동 현대하이페리온(2003년/466세대): 양천구 목동동로 257(목동)

신천동 롯데캐슬 골드(2005년/400세대): 송파구 올림픽로 269(신천동)

아크로비스타(2004년/757세대): 서초구 서초중앙로 188(서초동)

용산 센트럴파크 해링턴 스퀘어(2020년/1140세대): 용산구 서빙고로 17(한강로3가)

청량리역 한양수자인 192(2023년 예정/1152세대): 동대문구 용두동 39-1

타워팰리스 1차(2004년/1297세대): 강남구 언주로30길 56

타워팰리스 2차(2004년/813세대): 강남구 언주로30길 57

타워팰리스 3차(2004년/480세대): 강남구 언주로30길 26

[경기도]

e편한세상 일산 어반스카이, 광교 아이파크, 광교 중흥S-클래스, 광명역센트럴자이, 광명역파크자이, 그랑시티자이, 기흥역 롯데캐슬 레이시티, 기흥역 롯데캐슬 스카이, 기흥역 센트럴 푸르지오, 기흥역 지웰 푸르지오, 기흥역 파크 푸르지오, 동탄 린스트라우스 더 레이크, 동탄역 대방디엠시티 더 센텀, 동탄역 롯데캐슬, 동탄역 반도유보라 아이비파크 8.0, 동탄역 파라곤, 리첸시아 중동, 시흥 센트럴 푸르지오, 신중동역 푸르지오시티, 아데나팰리스, 아이파크 분당, 일산 더샵 그라비스타, 일산 두산위브 더제니스, 일산 디엠시티 스카이뷰, 일산 와이시티, 킨텍스 꿈에그린, 킨텍스 원시티, 파크뷰, 판교 알파리움, 판교 호반써밋플레이스, 평촌 아크로타워, 평택 위너스시티, 화서역 파크 푸르지오, 힐스테이트 광교, 힐스테이트 기흥, 힐스테이트 중동

[인천]

더샵 인천스카이타워, 롯데캐슬 캠퍼스타운, 송도 더샵 센트럴파크 1차, 송도 더샵 센트럴파크 2차, 송도 더샵 퍼스트월드, 송도 센트럴파크 푸르지오, 힐스테이트 송도 더스카이

[부산]

개금역 금강펜테리움 더 스퀘어, 구포 동원로얄듀크 비스타, 남천 엑슬루타워, 대연 힐스테이트푸르지오, 더샵 동래, 더샵 센텀스타, 더샵 센트럴스타, 두산위브 더제니스 하버시티, 마린시티자이, 범일동 한성기린프라자, 서면 골든뷰 센트럴파크, 용호동 W, 트럼프월드 센텀, 트럼프월드마린, 해운대 LCT 더샵, 해운대 경동제이드, 해운대 동백 두산위브 더 제니스, 해운대 두산위브 더제니스, 해운대 두산위브 포세이돈, 해운대 롯데캐슬 스타, 해운대 센트럴 푸르지오, 해운대 아이파크, 해운대 엑소디움, 현대 힐스테이트 이진베이시티, 현대베네시티, 현대카멜리아

[대구]

뉴센트럴 두산위브 더제니스, 범어동 두산위브 더 제니스, 수성 SK리더스뷰,

수성 범어 W, 월드마크 웨스트엔드, 청라힐 지웰 더 센트로, 트럼프월드 수성

[충북/충남/대전]
대전 스마트시티, 서대전역 우방 아이유쉘 스카이팰리스, 오창 한신더휴 센트럴파크, 천안 펜타포트, 천안불당 우방 아이유쉘 트윈팰리스, 청주 사직 두산위브 더 제니스, 청주 지웰시티 푸르지오

[광주]
광주화정아이파크, 금호계림주상복합, 봉선2차 남양휴튼, 빌리브 트레비체, 상무광명메이루즈, 운암2차 남양휴튼, 유탑 유블레스 스카이뷰, 호반써밋광주, 휴먼파크 서희스타힐스, 힐스테이트 각화, 힐스테이트 리버파크, 힐스테이트 첨단

[세종/울산]
세종 리더스포레, 세종 한신더휴 리저브, 세종 중흥S-클래스 센텀뷰, 힐스테이트 세종 리버파크, 울산 태화강 풍림 엑슬루타워, 울산 태화강 엑소디움

[전남/전북]
KTX전주역 클래시아 더 스카이, 광양 e편한세상, 목포 평화광장 에메랄드퀸, 목포 하당지구 중흥S-클래스 센텀뷰, 전북혁신도시 대방디엠시티, 전주 금암동 휴엔하임, 전주 서부신시가지 롯데캐슬 레이시티, 전주 서부신시가지 유탑유블레스 리버뷰, 전주 서부신시가지 코아루 해피트리, 전주 서희스타힐스, 전주 신원아침도시 펜트176, 전주 코오롱스카이타워, 전주효자 SK 리더스뷰, 포레나 익산부송, 포레나 전주 에코시티, 힐스테이트 화순, 힐스테이트 효자동

[경남/경북]
김천 센트럴자이, 김해 부원역 그린코아 더 센텀, 창원 더시티세븐자이, 창원 메트로시티 2차, 포항 두산위브 더제니스

08

당신의 자녀를 층간소음 상담에 이용하지 마세요

현장을 방문하면 흔히 볼 수 있는 장면 중 하나는 부모가 윗집에 문제가 있다는 걸 증명하기 위해 아이들을 상담 현장으로 불러내는 것입니다. 그리고 자신이 입은 피해를 아이들이 보는 앞에서 눈물을 흘리며 이야기합니다. 감정이 격해져 윗집 사람의 비이성적인 태도를 질타하거나 욕을 하기도 합니다. 층간소음 때문에 죽고 싶다는 말도 스스럼없이 합니다. 이런 말을 들은 아이들의 마음은 어떠할지 생각해보셨나요?

층간소음 피해자는 대부분 자신이 겪고 있는 피해가 얼마나 심각한지를 부풀려서 이야기합니다. 그리고 소음을 유발하는 당사자에 대한 적개심과 자신의 피해를 합리화하기 위해 과도한 비난을 하는 경우도 있습니다. 이런 이야기를 제삼자가 아닌 가족이 들을 때에는 자첫 폭행 사건이나 심한 경우 살인 사건으로까지 연결될 수 있음을 인지하셔야 합니다. 부모만 바라보고 의지하는 성장기 아이들에게는 그래서 더욱 각별한 주의가 필요합니다.

층간소음은 사람마다 느끼는 것이 달라 지극히 주관적입니다. 현재 여러분이 겪고 있는 층간소음 피해를 자녀들도 똑같이 겪고 있을 것이라고 착각해서는 안 됩니다. 자기감정을 전이시켜서는 더더욱 안 됩니다. 그리고 소음을 발생시키는 이웃이 공동체 의식 없는 사회악이라는 생각을 버려야 합니다. 그들의 생활 방식을 바꾸고 말겠다는 '독립투사' 같은 마음과 생각을 접어두는 것이 바람직합니다. 어찌 보면 여러분이 층간소음에 예민하게 대처하는 부분도 있을 것이기 때문입니다.

부탁드립니다. 여러분의 자녀를 층간소음 상담에 이용하지 마세요. 그저 이렇게 이야기하는 것으로 족합니다.

"층간소음은 공동 주택에서 흔히 발생하는 문제야. 혼자만 사는 게 아니니 서로 조심하면 되는 거야. 그러니 너는 신경 쓰지 말고 생활하렴."

09

층간소음 없다는 아파트,
정말 믿어도 되나요?

"우리 아파트는 층간소음이 없는 쾌적한 아파트입니다."

용인에 사는 유지민(가명) 씨의 아파트 입구에 걸린 현수막입니다. 유지민 씨는 이 문구를 볼 때마다 실소가 터집니다. 현재 아랫집과 층간소음 문제로 갈등을 겪은 지 1년이 넘었기 때문입니다. 유지민 씨는 지금의 아파트로 이사 오기 전에도 층간소음으로 인해 힘든 나날을 보내야 했습니다. 당시 유지민 씨가 살던 연립 주택 윗집에는 다섯 살과 일곱 살 된 아이들이 있었는데, 밤 10시가 넘도록 쿵쿵 뛰어다녔습니다. 처음에는 어려서 그러려니 하며 참았지만, 강도가 심해지자 윗집으로 올라가 좋은 말로 타이르기도 하고 하소연도 했습니다. 하지만 상황은 나아지지 않았습니다. 특히 아이들의 할머니가 오는 토요일엔 거실 조명이 흔들릴 정도로 뛰어다니는 통에 견딜 수 없는 지경에 이르렀습니다. 그즈음 임신을 한 유지민 씨는 극심한 스트레스로 아이를 잃을 수도 있다는 불안감에 휩싸였습니다. 결국 유지민 씨는 이른바 '영끌'을 해서 어렵게 지금의 아파트를 마련했습니다. 아파트 브랜드와 입지도 중요했지만 무엇보다 유지민 씨를 사로잡은 것은 '층간소음 없이 설계된 아파트'라는 문구였습니다.

세월이 흘러 어느덧 유지민 씨는 다섯 살 아들과 세 살 된 딸을 키우고 있습니다. '층간소음이 없는 쾌적한 아파트'는 아니었지만 윗집에서 들려오는 소음 문제는 전에 살던 집보다 훨씬 좋았습니다. 그런데 아랫집에 새로운 사람이 이사를 오고부터 문제가 생겼습니다. 아이들 뛰는 소리가 너무 커서 생활하기 힘들다는 아랫집의 항의가 연일 계속된 것입니다. 한때 층간소음의 피해자였던 유지민 씨가 어느새 가해자 입장이 된 것입니다. 층간소음이 없다는 건설사의 말만 믿고 영끌한 자신의 결정이 바보 같고 어리석게만 느껴졌습니다. 오늘도 유지민 씨는 아랫집의 눈치를 보며 하루하루를 살아가고 있습니다.

정부는 2004년부터 층간소음을 줄이겠다는 목표를 세웠습니다. 가장 먼저 주목한 것은 바닥의 슬래브였는데, 두께를 210밀리미터 이상으로 하려 했습니다. 층간소음 성능 기준을 제정한다는 계획에 가장 강력하게 반대한 것은 아파트 건설사였습니다. 그들은 슬래브 두께를 늘리면 분양가가 높아지기 때문에 소비자 부담이 커진다고 주장했습니다. 하지만 실상은 층간소음 저감을 위한 충분한 기술이 존재하지도 않았고, 슬래브 두께를 늘리면 아파트의 층고가 낮아져 자신들에게 돌아가는 이익이 줄어들기 때문이었습니다. 건설사들이 강하게 반대하자 환경부는 소비자를 대상으로 설문 조사를 실시했습니다. 설문 조사 결과, 51퍼센트가 층간소음만 줄어든다면 분양가가 상승해도 무방하다고 응답했습니다. 이 때문에 건설사들의 주장은 힘을 얻지 못했고, 결국 슬래브 두께를 210밀리미터 이상으로 해야 한다는 법이 제정되었습니다. 그럼에도 불구하고 층간소음은 17년이 흐른 2021년에도 커다란 사회 문제가 되고 있습니다.

정부가 아파트 바닥의 슬래브 두께를 210밀리미터 이상으로 규제했지만 그 내부를 어떤 것으로 채우느냐, 얼마나 적절한 강성을 유지하느냐, 얼마나 우수한 층간소음 저감재를 사용하느냐는 오직 건설사의 재량입니다. 건설사는 층간소음을 줄인다며 이를 분양가에 반영해 엄청난 이익을 챙기고 있습니다. 이러한 이익 중 일부만이라도 좋은 자재를 쓰는 데 사용한다면 우리 국민이 층간소음 살인과 폭행이라는 두려움에 떨며 살아가지는 않을 것입니다.

그나마 다행스럽게 최근 들어 건설사들도 층간소음 문제에 적극 나서고 있습니다. 대우건설은 바닥 구조를 320밀리미터(슬래브 260밀리미터+차음재 60밀리미터) 두께로 하는 소음 저감 시스템을 제시했습니다. 재건축 사업에 뛰어들고 있는 삼성물산도 바닥 콘크리트 두께를 원안 대비 40밀리미터 늘리고 세대와 인접한 엘리베이터 승강로에

별도의 빔을 추가해 소음과 진동을 동시에 줄이는 방안을 제시했습니다. 대림산업은 아파트 바닥 면의 기본 뼈대인 콘크리트 슬래브 위에 3개의 층을 겹겹이 쌓아 층간소음을 걸러주는 필터형 기술을 개발했으며, 현대건설은 층간소음 저감 기술인 H 사일런트를 공개하며 층간소음 문제에 적극 대처하고 있다는 점을 강조하고 있습니다.

　건설사들이 이렇게 층간소음 문제에 관심을 갖는 것은 좋은 일입니다. 하지만 아무리 바닥 구조를 튼튼하게 한다고 해도 '층간소음 문제 완전 종식 아파트'나 '층간소음 없는 아파트' 같은 문구는 최대한 자제해야 합니다. 이런 문구 때문에 유지민 씨 같은 분들이 마음에 더 큰 상처를 받고 있습니다. 이런 문구보다는 '층간소음 저감 효과에 신경 쓴 아파트'나 '층간소음 관리 시스템을 구축한 아파트' 같은 문구가 더 현실적이고 믿음이 가지 않을까 생각합니다.

　저는 20년 넘게 이 일에 종사하면서 층간소음 없는 아파트는 단 한 군데도 보지 못했습니다. 전국의 어느 아파트나 크고 작은 층간소음이 존재합니다. 만약 이 글을 보고 있는 분 중에 층간소음 없는 아파트를 아신다면 제게 꼭 알려주세요. 그런 연락을 받을 수 있는 날이 얼른 왔으면 좋겠습니다.

10

우리 아파트가
층간소음 기준 미달이라고요?

"공공·민영 아파트 60퍼센트, 층간소음 부실시공됐다."

2019년 발표된 감사원의 감사 결과는 많은 국민을 경악하게 했습니다. 그동안 층간소음 민원은 주민의 문제로 알고 있었는데, 시공사의 문제가 더 크다는 게 밝혀졌기 때문입니다. 감사원은 22개 공공 아파트 126가구와 6개 민간 아파트 65가구, 총 191가구를 대상으로 시공상의 이상 유무를 파악하기 위한 현장 실험을 시행했습니다. 191가구 중 184가구인 96퍼센트가 아파트를 시공하기 전 준수하겠다고 신고한 인정 등급보다 실제 완공된 후 현장 실측 등급이 미달인 것으로 나타났습니다.

더욱 심각한 것은 전체의 60퍼센트는 시공 후 반드시 준수해야 하는 최소 기준인 층간소음 4등급에도 미달했다는 점입니다. 이는 층간소음 시공법을 준수하지 않은 아파트를 거짓 분양했다는 얘깁니다. 즉 층간소음을 줄이기 위해 2004년 도입한 바닥 구조 사전 인정 제도가 유명무실했던 것입니다.

2020년 국감에서는 LH가 층간소음 성능 기준 미달인 불량 아파트임을 알고서도 입주민에게 임대 또는 분양을 하고 아무런 보상이나 보수도 하지 않은 것으로 드러났습니다. LH는 아파트를 시공하기 전에 먼저 견본 세대를 지어 층간소음 측정을 해 성능 기준을 만족할 경우 본시공을 하도록 하고 있습니다. 하지만 감사원이 측정 가능한 9개 현장에서 층간소음을 점검한 결과 5개 현장에서 성능 기준이 미달한 것으로 나타났습니다. 또한 55개 현장(62퍼센트)은 완충재 품질 시험 결과가 나오지도 않았는데 본시공에 들어간 것으로 파악되었습니다. 당시 국회 국토교통위원회 소속 더불어민주당 김회재 의원은 "LH가 이러한 사실을 입주민에게 전혀 알리지 않고 임대 및 분양을 했다는 것이 문제다. 선량한 입주민은 아무것도 모른 채 다른 정상적인 아파트와 똑같은 분양가와 임대료를 주고 불량 아파트에 살고 있는 것이다"고 말했습니다.

그럼 2000년 초반부터 정부가 공을 들여온 주택 건설 기준에 관한 규정은 왜 지켜지지 않는 것일까요? 먼저 시공 승인과 준공 승인의 의무화 유무 때문입니다. 아파트를 시공하기 전에는 층간소음을 어떤 방법으로 준수하겠다는 서류를 제출해야 합니다. 이 때문에 각 시공사에서는 층간소음을 줄이기 위해 어떤 성능을 준수해 시공할 것인지 결정해 제출하도록 의무화되어 있습니다.

　그런데 준공 승인을 하기 전에 시공 승인 당시 제출한 방법으로 작업했는지 여부를 검토하고 확인하는 절차는 의무가 아닙니다. 그래서 층간소음 관련 서류를 제출하지 않는 시공사가 많습니다. 그래도 최근에는 층간소음 평가 서류를 제출하는 시공사가 많아져 다행이지만 하루빨리 이를 의무화해야 한다고 생각합니다.

　또한 준공 승인 전에 층간소음을 평가하는 업체 대부분이 시공사와 연관되어 있다는 것도 문제입니다. 시공사가 '갑'이라면 그들로부터 비용을 받고 선정된 측정 업체는 '을'의 상태가 됩니다. 상황이 이렇다 보니 층간소음에 대한 정확한 평가가 이루어질 수 없습니다. 이 커넥션을 끊을 수 있는 제도적 장치 또한 하루속히 마련해야 합니다.

　2021년 1월 17일 양경숙 더불어민주당 의원은 층간소음 방지를 위해 공동 주택 건설 때 바닥 충격음 저감 공사를 제대로 하지 않으면 징벌적 손해 배상을 하도록 하는 주택법 개정안을 발의했다고 밝혔습니다. 이 법안은 주택의 사용 검사 이전에 국토교통부장관이 정한 성능 평가 기준에 따라 바닥 충격음 차단 구조의 성능을 평가받도록 하고, 해당 기준에 미달하는 제품을 사용한 사업 주체에 영업 정지 또는 사업 등록 말소를 할 수 있는 근거를 마련하는 것이 골자입니다. 인정 제품이 아닌 것을 사용하거나 성능 평가 기준을 위반해 입주자에게 손해를 입힌 경우 그 손해액의 세 배를 넘지 않는 범위에서 배상 책임을 지도록 하는 내용도 담겼습니다.

이 법안이 수정 없이 통과될지, 통과될 경우 어떤 영향을 가져올지 아직 가늠하기 어렵습니다. 이 법안이 발표되고 몇 달 후 삼성물산에서는 층간소음을 줄이는 바닥 슬래브 특화 기술을 특허 출원했다고 밝혔습니다. 롯데건설에서는 층간소음 제로화를 위해 석·박사급 전문 인력 13명으로 구성된 소음 진동 솔루션팀을 신설했으며, 포스코건설도 관련 분야 최고 전문가로 이뤄진 층간소음 해결 TF를 발족했습니다.

오랫동안 층간소음 전문가로 활동해온 저로서는 정부와 건설사의 이런 움직임을 환영하고 지지합니다. 하지만 아직 넘어야 할 산이 많습니다. 시공상의 문제는 층간소음 문제의 끝이 아니라 시작이기 때문입니다. 더는 층간소음 기준 미달 아파트가 없었으면 좋겠습니다. 이번 기회에 강력한 법을 만들어 쾌적한 주거 생활을 꿈꾸는 소비자를 속이거나 기만하는 일이 없어지길 고대합니다.

층간소음 상담 및 조정 관련 기관

공동주택관리 분쟁조정위원회

중앙 공동주택관리 분쟁조정위원회 031-738-3300

지방 공동주택관리 분쟁조정위원회 각 시·군·구 담당과

환경분쟁조정위원회

중앙 환경분쟁조정위원회 044-201-7969

서울특별시 환경분쟁조정위원회 02-2133-3546~9

부산광역시 환경분쟁조정위원회 051-888-3614

대구광역시 환경분쟁조정위원회 053-803-3680

인천광역시 환경분쟁조정위원회 032-440-3545

광주광역시 환경분쟁조정위원회 062-613-4161

대전광역시 환경분쟁조정위원회 042-270-5432

울산광역시 환경분쟁조정위원회 052-229-3152

세종특별자치시 환경분쟁조정위원회 044-300-4216

경기도 환경분쟁조정위원회

　(남부)031-8008-3536 (북부)031-8030-2483

강원도 환경분쟁조정위원회 033-249-2580

충청북도 환경분쟁조정위원회 043-220-4033
충청남도 환경분쟁조정위원회 041-635-4414
전라북도 환경분쟁조정위원회 063-280-3552
전라남도 환경분쟁조정위원회 061-286-7021
경상북도 환경분쟁조정위원회 054-880-3515
경상남도 환경분쟁조정위원회 055-211-6624
제주특별자치도 환경분쟁조정위원회 064-710-4112

지자체 상담센터
서울특별시 층간소음상담실 02-2133-7298
서울특별시 이웃분쟁조정센터 02-2133-1380
광명시 층간소음갈등해소지원센터 02-2680-6018
광주광역시 마을분쟁해결센터 070-4423-8728

층간소음 상담 기관
층간소음이웃사이센터 1661-2642

11

층간소음을 알고 계약 진행한 부동산도 법적 책임이 있을까요?

"피고[공인중개사]에게 아랫집 거주자에 대한 정보를 제대로 고지받지 못한 채 임대차 계약을 체결한 결과, 원고는 어린 자녀들과 함께 아랫집 거주자의 수인한도를 넘는 항의나 욕설 등에 노출되거나 불안감으로 인해 평온한 일상생활을 영위할 수 없었고, 이로 인해 재산적 손해의 배상만으로는 회복할 수 없는 정신적 고통을 입었다. 이에 피고는 원고에게 300만 원의 위자료를 지급하라."

2014년 서울 남부지방법원의 판결(사건번호 2014가단39699)은 공인중개사 사이에서 큰 화제가 되었습니다. 평생직장으로 각광받으며 많은 인기를 끌고 있는 공인중개사라는 직업이 층간소음으로 자칫하면 소송에 휘말릴 수도 있다는 것을 보여주었기 때문입니다. 공인중개사 협회까지 피고로 전락한 이 사건의 시작은 김철민(가명) 씨가 목동의

한 아파트로 이사 오면서 시작되었습니다.

임차인 김철민 씨에게는 배우자와 자녀 2명이 있었는데, 이사 온 직후부터 아랫집으로부터 층간소음이 심하다는 항의를 받았습니다. 수차례 찾아와 욕설을 하기도 하고 싸우다가 경찰관이 출동하기도 하는 등 짧은 기간 내에 아랫집 거주자와 분쟁이 매우 잦았습니다.

원래 이 아파트에는 소유자인 임대인 박주인(가명) 씨가 거주했습니다. 그런데 아랫집 거주자가 작은 소음에도 예민해 하루에도 수차례 혹은 2~3일에 한 번씩 인터폰으로 항의하거나 직접 찾아와 욕설을 하곤 했습니다. 견디다 못한 박주인 씨는 이 아파트를 다른 이에게 임차한 뒤 자신은 다른 곳으로 이사했습니다. 하지만 새로운 임차인 또한 아랫집 거주자와 층간소음을 이유로 싸움이 잦았고, 결국 남편의 직장이 바뀌었다며 수개월 만에 다른 곳으로 이사했습니다. 그래서 다시 집을 내놓게 되었고, 김철민 씨가 계약을 하러 왔습니다.

계약서를 쓰는 날, 박주인 씨는 김철민 씨에게 어린 자녀가 있는 것을 알고는 공인중개사를 복도로 불러 말했습니다.

"아랫집 거주자들이 층간소음에 매우 예민합니다. 어린 자녀가 있는 세입자는 또다시 문제가 생길 수 있으니 계약을 하면 안 될 것 같아요. 이분들은 그냥 돌려보내고 아이가 없거나 신생아만 있는 신혼부부나 노부부한테 임대하는 게 좋을 것 같습니다."

그러자 공인중개사가 말했습니다.

"그럼 이 같은 사실을 고지하고 계약을 진행하시죠."

공인중개사는 계약을 하며 김철민 씨에게 말했습니다.

"아랫집 사람들이 유별나다고 하니까 명절 같은 때에 선물도 하고 잘해드려야 해요. 바닥에 매트도 깔아야 합니다."

공인중개사의 말을 대수롭지 않게 생각한 김철민 씨는 계약서에 사인을 했습니다.

얼마 후 이사를 마친 김철민 씨에게 악몽 같은 나날이 시작되었습니다. 소음용 매트로는 문제 해결이 어려울 정도로 아랫집과의 분쟁이 격화되었습니다. 결국 김철민 씨는 공인중개사를 상대로 소송을 걸었습니다. 김철민 씨는 공인중개사가 부동산 거래 시 중요한 사항에 해당하는 층간소음에 관한 것을 임대인 박주인 씨로부터 모두 고지받아 알게 되었음에도 불구하고 자신에게 고의로 이를 누락하고 임대차 계약을 체결했다고 주장했습니다. 이는 기망에 의한 것으로 불법 행위에 해당하거나 선택적으로 공인중개사법 제25조(중개 대상물의 확인·설명) 및 제30조(손해 배상 책임의 보장)를 위반한 것이라는 주장이었습니다.

법원은 일반적인 경우 부동산 중개업자가 아파트 계약을 진행하며 층간소음에 관한 사항까지 적극적으로 조사하거나 확인해 중개 의뢰인에게 설명해야 할 의무가 있다고는 할 수 없다고 했습니다. 하지만 임대차계약서를 작성하기 전 임대인 박주인 씨가 김철민 씨에게 어린 자녀가 있다는 것을 알고는 계약을 중단하면서 나눈 이야기를 통해 사회 통념상 수인한도를 넘어서는 아랫집 거주자로 인해 분쟁이 생길 가능성이 매우 높다는 점을 감안했어야 한다고 했습니다. 그래서 일반적인 경우와 달리 원고에게 그 사실을 정확히 고지해 김철민 씨가 계약 체결 여부를 판단할 기회를 갖도록 할 의무가 있음에도 막연하게 말함으로써 선량한 관리자의 주의 의무를 다하지 않았다고 했습니다. 이는 중개 계약상의 불완전 이행 내지 부수적 의무 위반에 해당한다는 것이 법원의 최종 판단이었습니다.

층간소음으로 고통받은 경험이 있는 피해자에게 가장 힘든 것 중 하나가 바로 이사입니다. 층간소음을 피해 이사 가는 곳이 단독 주택이라면 모를까, 아파트나 빌라 같은 공동 주택이라면 위·아랫집에 누가 살고 있는지, 층간소음이 얼마나 심한지가 최고의 관심사입니다. 이때 정보를 알 수 있는 것이 바로 지금 그 집에 살고 있는 사람이나 공인중개사입니다. 만약 층간소음으로 인한 분쟁이 심한데도 불구하고 '그 정도 소음은 다 참고 사는 것'이라고 안일하게 생각하거나 실적에 눈이 멀어 계약을 강행한다면 서로에게 좋지 않은 결과를 가져올 수 있습니다.

공인중개사법 제25조와 제30조

제25조(중개 대상물의 확인·설명) ①개업 공인중개사는 중개를 의뢰받은 경우에는 중개가 완성되기 전에 다음 각 호의 사항을 확인하여 이를 해당 중개 대상물에 관한 권리를 취득하고자 하는 중개 의뢰인에게 성실·정확하게 설명하고, 토지대장등본 또는 부동산종합증명서, 등기사항증명서 등 설명의 근거 자료를 제시하여야 한다.

1. 해당 중개 대상물의 상태·입지 및 권리 관계
2. 법령의 규정에 의한 거래 또는 이용 제한 사항
3. 그 밖에 대통령령으로 정하는 사항

제30조(손해 배상 책임의 보장) ①개업 공인중개사는 중개 행위를 하는 경우 고의 또는 과실로 인하여 거래 당사자에게 재산상의 손해를 발생하게 한 때에는 그 손해를 배상할 책임이 있다.

12

우리 아파트에도
층간소음관리위원회가 있나요?

"소장님, 이번 달은 층간소음 민원을 두 건 해결했습니다. 다 소장님 덕분입니다, 하하."

서울 성북구에 사는 김규식(가명) 씨가 모처럼 전화를 걸어왔습니다. 김규식 씨는 자신이 살고 있는 아파트 단지에서 층간소음관리위원회 위원장을 맡고 있습니다. 처음 입주자대표회의의 요청으로 층간소음관리위원회 위원장을 맡을 때만 해도 층간소음 민원 때문에 스트레스를 많이 받았다고 합니다. 하지만 제가 알려준 지침대로 접근해봤더니 민원도 많이 줄고 입주민들의 만족도도 높다고 전했습니다.

층간소음 문제가 심각해지면 분쟁 당사자끼리 해결할 수 없는 상태가 됩니다. 이때 가장 많이 찾는 곳이 아파트 관리사무소, 입주자대표회의, 경찰서 순입니다. 여기서도 해결되지 않으면 층간소음이웃사

이센터(환경청 산하)나 공동주택관리 분쟁조정위원회(국토부 산하), 층간
소음민원상담센터(지자체)를 찾게 됩니다.

　2012년부터 운영하고 있는 층간소음이웃사이센터는 층간소음 민
원 상담의 중심축으로 성장하고 있지만 신청 후 몇 달이 소요되는 커
다란 단점이 있습니다. 또한 짧은 상담 시간과 사후 관리 미흡 등으로
인해 의뢰자의 만족도가 떨어지는 편입니다. 이를 개선하기 위해 서
울시, 광명시 등 일부 지자체에서는 층간소음이웃사이센터를 대신할
수 있는 층간소음민원상담센터를 구축해 운영 중에 있습니다. 층간소
음이웃사이센터의 고질적인 문제점을 일부 개선해 층간소음 민원 의
뢰자의 만족도가 높은 것으로 나타나고 있는데, 개선한 부분은 상담
신청 후 상담사가 방문하는 시간의 단축, 의뢰자가 원하는 만큼의 방
문 횟수 확보, 사후 관리 등입니다. 이러한 영향 탓인지 간혹 층간소
음이웃사이센터보다 더 잘하고 있다는 의견도 있지만 한계 또한 있
습니다. 그래서 제가 가장 주목하는 것이 바로 층간소음관리위원회입
니다.

　전국 각 시·도에서는 층간소음관리위원회 구성과 운영 관련 조항
을 포함하는 공동주택관리규약 준칙을 정해놓고 있으며, 입주자 등은
그 준칙을 참조해 단지의 관리 규약을 만듭니다. 입주자대표회의는
관리 규약에 따라 단지 내 층간소음 분쟁 조정, 예방 및 교육 등을 위
해 층간소음관리위원회를 구성해서 자체적으로 분쟁을 조정할 수 있
습니다.

층간소음 발생 시 피해 세대가 직접 층간소음분쟁조정신청서를 작성하고 층간소음관리위원회가 이를 처리하므로 민원이 정확하게 전달됩니다. 단지 내에서 이웃에 대한 이해와 배려를 기반으로 자치적 활동과 노력을 통해 문제를 직접 해결하기 때문에 공동체 활성화에도 큰 역할을 할 수 있습니다. 실제 사례에서도 층간소음관리위원회를 운영하는 공동 주택 단지의 경우 층간소음 민원 저감에 큰 효과를 보고 있습니다. 층간소음 민원인과 동일한 아파트에 거주하므로 방문 시간, 방문 횟수, 심지어 사후 관리까지 가능하기 때문입니다.

현재 서울시 공동주택관리규약 준칙 제94조와 제95조, 제96조는 층간소음관리위원회에 대해 다음과 같이 규정하고 있습니다.

제94조(층간소음관리위원회)

① 입주자대표회의는 층간소음의 분쟁 조정, 예방, 교육 등을 위하여 입주자와 사용자를 구성원으로 하는 층간소음관리위원회를 구성하여야 한다.

② 층간소음관리위원회는 관리사무소장, 동별 대표자 또는 선거관리위원 1인, 공동체 활성화 단체 회원 1인, 입주자 등을 구성원으로 하여 총 3~5인으로 구성하고, 임기는 2년으로 하며 위원장은 호선한다.

③ 층간소음관리위원회는 다음 각 호의 업무를 수행한다.

1. 층간소음에 따른 분쟁의 조사, 조정
2. 층간소음 예방과 분쟁의 조정을 위해 필요한 교육
3. 그 밖에 층간소음과 관련한 자료 수집 등 필요한 사항

제95조(층간소음관리위원회 지원 등)

① 층간소음관리위원회는 필요한 경우 관리 주체의 행정 업무 지원이나 층간소음 관련 전문 기관·단체 또는 전문가의 자문을 받을 수 있고, 위원으로 하여금 층간소음

분쟁의 효율적인 조정을 위해, 층간소음에 관한 교육을 담당하는 전문 기관·단체의 교육을 이수하게 할 수 있다.

② 층간소음관리위원회 운영에 필요한 실비, 수당, 교육 비용, 자문료 등 경비는 잡수입에서 지출할 수 있다.

제96조(층간소음 분쟁 조정 절차 등)

① 층간소음으로 피해를 입은 입주자 등은 관리 주체에게 층간소음 발생 사실을 알리고, 관리 주체는 사실 관계 확인을 위해 필요한 조사를 하여야 한다. 관리 주체는 조사 결과에 따라 층간소음 피해를 끼친 해당 입주자 등에게 층간소음 발생을 중단하도록 요청하거나 차음 조치를 하도록 권고할 수 있다.

② 층간소음 피해를 끼친 입주자 등은 제1항에 따른 관리 주체의 조치에 따라 층간소음 발생을 중단하는 등 협조하여야 한다.

③ 제1항에 따른 조치에도 불구하고 층간소음 발생이 계속될 경우 관리 주체 또는 해당 당사자는 층간소음관리위원회에 이 사실을 알리고 층간소음 분쟁의 조사, 조정을 요청할 수 있다.

④ 제3항에 따른 요청을 받은 층간소음관리위원회는 층간소음 피해를 입은 입주자 등과 층간소음 피해를 끼친 입주자 등과의 다자 면담을 실시하고, 면담 결과에 따라 층간소음을 발생시킨 입주자 등에게 층간소음 발생을 중단하도록 요청하거나 차음 조치를 권고할 수 있다. 이 경우 층간소음관리위원회는 사실 관계 확인을 위해 필요한 조사를 할 수 있다.

⑤ 관리 주체는 층간소음 분쟁 조정에도 불구하고, 분쟁이 계속될 경우에는 해당 당사자가 서울특별시 환경분쟁조정위원회나 자치구 공동주택관리 분쟁조정위원회에 조정을 신청하도록 안내하여야 한다.

　　최근 들어 층간소음관리위원회를 구성하는 아파트가 많아지고 있는 것은 고무적인 현상입니다. 다만 층간소음관리위원회를 활성화하기 위해서는 이 조직을 구성하지 않은 아파트에 대한 처벌 규정 마련과 조직위원에 대한 정기 교육과 정부 지원 등이 필요합니다. 다행히

2020년 12월 더불어민주당 양경숙 의원이 아파트 등 공동 주택에서 층간소음 분쟁을 예방·조정할 수 있도록 입주자 등으로 구성된 층간 소음관리위원회를 의무적으로 운영하도록 하는 내용의 공동주택관리법 개정안을 발의했습니다.

국민의힘 전주혜 의원도 2021년 3월 2일 발의한 개정안에서 층간소음 문제의 적극적이고 효율적인 조정을 위해 입주자 등으로 구성된 공동 주택 층간소음관리위원회를 의무적으로 구성·운영하도록 했습니다. 전 의원은 "층간소음 갈등에 대한 적절한 대응 및 조치가 제대로 이뤄지지 않아 갈등이 격화되는 경우가 많고, 보복 소음 등 이웃 간 갈등이 감정싸움으로 번지는 등 초기 갈등 관리가 중요한 과제가 됐다"며 개정안 발의 이유를 밝혔습니다. 양경숙 의원과 전주혜 의원이 발의한 두 법안이 통과된다면 층간소음의 새로운 역사가 시작될 수 있으니 많은 관심 부탁드립니다.

PART 05

더불어 사는
세상을 위한 제안

01

층간소음 화풀이를
경비원에게 하지 마세요

2018년 12월 어느 날 새벽, 서울 서대문구의 한 아파트에서 끔찍한 사건이 벌어졌습니다. 아파트 주민인 최민철(가명) 씨가 경비실을 찾아가 경비원의 몸을 걷어차고 바닥에 쓰러뜨린 후 머리를 수차례 때렸습니다. 폭행을 당한 경비원이 의식을 잃고 쓰러졌지만 최민철 씨는 경찰에 신고하거나 구호 조치 없이 현장을 벗어났습니다. 이후 병원으로 옮겨진 경비원은 결국 숨졌습니다.

당시 최민철 씨는 술에 만취한 상태라 제정신이 아니었고 경비원을 살해할 의도도 없었다고 항변했지만 재판부는 아래와 같이 판결하며 징역 18년을 선고했습니다.

"층간소음 문제 등에 대한 불만이 누적돼오던 중 분노를 조절하지 못하고, 술에 취한 상황에서 순간적으로 격분하여 이 사건 범행을 저

질렀다. 사회적 약자인 고령의 경비원을 대상으로 한 범행이라 비난 가능성이 크다."

이보다 앞선 2018년 5월, 강남의 한 오피스텔에서도 20대 입주민이 60대 경비원 2명을 흉기로 살해한 사건이 있었습니다. 이 사건 역시 윗집에서 나는 소리 때문에 민원을 제기했는데 해결되지 않자 범행을 저지른 것으로 밝혀져 충격을 주었습니다.

이런 경비원 폭행 사건은 흡연이나 주차장 문제 때문에 일어나기도 하지만 층간소음 문제 때문에 발생하는 경우가 훨씬 많습니다.

이웃 간에 층간소음 분쟁이 발생하면 누구보다 경비원이 힘듭니다. 일부러 소음을 발생시킨다며 수시로 인터폰을 해 주의를 주라고 주문하는 것은 기본이고, 증거를 남기기 위해서라며 경비원을 집 안에서 보초(?) 세우는 민원인도 있습니다.

1000세대 정도 되는 아파트 경비실에 앉아 있다 보면 몇십 분 간격으로 층간소음 민원이 끊이지 않고 들어옵니다. 특히 아이들이 등교하기 전인 아침 시간과 아이들이 집에 있는 저녁 시간에 민원이 폭주하며, 명절날에는 그야말로 전화기에 불이 날 정도입니다.

"전화로 해결할 수 있으면 그나마 괜찮습니다. 꼭 출동해서 벨을 누르고 주의를 주라는 분들이 있습니다. 이런 분들은 꼭 사후 보고를 하라고 하지요. 요즘은 개 짖는 소리 때문에 출동을 자주 합니다. 저희도 너무 힘들고 괴롭습니다. 그렇게 일을 마치고 퇴근하면 윗집에서 아이들 뛰는 소리 때문에 잠도 제대로 못 잡니다."

경비원에게 윗집이나 아랫집은 모두 입주민일 뿐입니다. 그분들에게는 적군과 아군의 구분이 없습니다. 그런 분들에게 갑질을 하거나 폭행을 하는 것은 엄연한 범죄 행위입니다. 경비원은 층간소음의 화풀이 대상이 아니라 함께 생활해야 하는 구성원입니다.

02

관리소장은
층간소음 해결사가 아니에요

"사람을 기만하고 자격이 없는 관리소장은 물러가라!"

용인의 한 아파트 베란다에 걸린 현수막입니다. 관리소장이 자신의 층간소음 민원을 제대로 해결하지 않는다고 모든 주민이 볼 수 있게 걸어둔 것입니다. 결국 관리소장은 그만두었고 현수막은 철거되었습니다. 그야말로 아파트 관리소장 수난 시대입니다.

2020년 4월 경기도 부천에서 60대 여성이 극단적 선택을 했습니다. 아파트 화단에서 숨진 채 발견된 이 여성은 한 아파트의 관리소장이었는데, 주민의 갑질 때문에 소중한 목숨을 끊고 말았습니다. 이에 앞서 경남의 한 아파트에서도 관리소장이 스스로 목숨을 끊는 일이 벌어졌습니다. 유족들은 관리소장이 입주민으로부터 약 1년 8개월에 걸쳐 층간소음 문제로 괴롭힘을 당해왔다는 사실을 알아냈습니다. 그래서 가장의 사망이 업무상 스트레스에 따른 업무상 재해에 해당한다고 주장하며 근로복지공단에 유족 급여와 장의비 지급을 청구했지만 거절당했습니다. 결국 유족은 소송을 제기했고, 재판부는 다음과 같이 판결하며 유족 측의 손을 들어주었습니다.

"입주민의 지속적이고 반복적 민원 제기로 인한 스트레스가 경제적 문제와 정신적 취약성 등의 요인에 겹쳐 우울 증세가 유발되고 악화했다. 사망과 업무 사이에는 상당한 인과관계가 있다."

저는 몇 년째 아파트 관리소장을 대상으로 층간소음 교육을 진행하고 있습니다. 이 교육을 중요하게 생각하는 이유는 관리사무소와 관리소장의 역할이 그만큼 크기 때문입니다. 그래서 현장에서 만나는 관리소장들의 목소리를 허투루 듣지 않고 최대한 귀를 기울입니다.

"월요일 아침 9시가 되면 정확하게 전화가 와요. 민원인이 금요일부터 일요일까지 겪은 층간소음을 이야기합니다. 듣고 있으면 딱하기도 하지만 2시간 정도 듣다 보면 저도 정신이 몽롱해져요. 그날 하루 일이 안 됩니다. 너무 힘들어요."

"층간소음을 해결할 방법이 없나요? 민원을 듣다 보면 제가 다 답답해요. 그렇다고 마땅하게 해결할 방법이 있는 것도 아니고……."

"밤마다 층간소음 민원인 집에서 같이 보초를 섭니다. 소음이 들리면 현장을 잡아 중재하려고요. 저도 힘들지만, 민원인들이 오죽하면 그러겠습니까? 그 심정 조금이라도 이해하려고 노력은 하는데 쉽지 않습니다."

"어제는 소음 측정까지 했는데, 수치가 기준을 넘지 않았습니다. 혹시, 큰 사건이 발생할까 봐 정말 겁이 납니다."

"경찰이 출동하면 뭐 합니까, 문을 열어주지 않는데요. 층간소음 웃사이센터도 너무나 먼 당신입니다. 해결책은 멀고 관리사무소만 미칠 지경입니다."

"잠을 못 잘 정도로 힘듭니다. 아랫집 주민의 부탁을 받고 윗집 주민을 몇 번 찾아가서 사정하고 부탁했습니다. 근데 전혀 개선되지 않는다고 아랫집이 계속 항의를 하네요. 윗집은 윗집대로 힘들고 지쳤다며 험한 말을 하고. 두 분 다 입주민인데 어느 편을 들지도 못하겠고, 아무리 노력해도 해결되지 않아 안타깝고 힘들고 짜증납니다. 어떡하면 좋을까요, 소장님?"

관리소장이 층간소음에 대해 어느 정도의 이해와 지식을 갖고 있는지에 따라 그 아파트의 운명이 좌우됩니다. 층간소음을 단순한 이웃 싸움으로 생각하거나 유별나고 예민한 아랫집 탓만 한다면, 그 아파트 단지는 조용할 날이 없을 겁니다. 관리소장이 층간소음에 대한 충분한 이해와 체계적인 매뉴얼을 갖추어야 관리소 직원뿐만 아니라 보안 요원이나 경비원들도 제대로 된 역할을 수행할 수 있습니다.

물론 관리소장들도 이 같은 사실을 잘 알고 있습니다. 그래서 층간소음을 해결하기 위해 민원인의 집에서 같이 밤을 지새우기도 하고, 소음원을 찾기 위해 아파트 이곳저곳을 돌아다니기도 합니다. 관리소

장들끼리 층간소음 스터디 모임을 결성해 자료를 공유하기도 하고, 휴가를 반납한 채 제가 강의하는 곳을 찾아 먼 길을 오기도 합니다. 이런 노력에도 불구하고 입주민에게 심한 말을 들으면 자신의 직업에 회의를 느끼게 마련입니다. 현장에서 만난 아파트 관리소장들의 고충은 이만저만이 아닙니다.

2017년 국토부는 공동주택관리법 제20조에 관리소장을 층간소음 해결의 중심축으로 공표했습니다. 공동주택관리법 제20조는 총 7개 항으로 구성되어 있는데, 그중 5개 항에서 관리소장의 역할을 언급할 만큼 책임성이 커진 것입니다. 그 내용 중 '관리 주체'로 표기한 부분에 바로 관리소장도 포함되는 것입니다. 이 법을 만들기 전에는 층간소음 문제를 입주민끼리 해결해야 했는데, 관리 주체의 역할이라고 명시한 까닭에 그 책임이 고스란히 관리소장에게 넘어간 것입니다.

층간소음 문제가 관리소장에게 집중된 것이 나쁜 일은 아닙니다. 다만 준비되지 않은 상태에서 갑자기 역할을 맡게 된 것이 문제입니다. 층간소음 문제는 그동안 관리소장이 주로 다루었던 하자·보수 문제와는 차원이 다릅니다. 시공사를 상대로 하는 게 아니라 자신이 관리해야 하는 입주민들의 민원이기 때문입니다. 어느 한쪽 편을 들기가 어려운 구조입니다. 그렇다 보니 해결도 쉽지 않습니다. 더구나 층간소음 규제를 위해 만든 공동주택관리법 제20조는 처벌 조항이 없고 선언적인 내용에 불과해 효과를 기대하기가 쉽지 않습니다. 관리소장으로선 전문 지식도 부족하고 층간소음뿐 아니라 아파트 내에 산

적해 있는 일이 너무 많아 집중하기도 어렵습니다.

충간소음 민원인들은 이 점을 잘 이해해야 합니다. 관리소장이 충간소음뿐만 아니라 각종 문제를 해결해야 하고 그에 따른 책임도 있지만, 그에 반해 권한이 없는 것 또한 현실이기 때문입니다. 이런 까닭에 저는 공동주택관리법 제20조의 제7항을 최대한 활용해 충간소음관리위원회를 구성하고 이를 활성화시킬 것을 권장하고 있습니다. 충간소음관리위원회를 결성하면 충간소음 문제는 더 이상 관리소장이나 관리소의 몫이 아니기 때문입니다. 위원회는 오직 충간소음만 다루므로 좀 더 전문적일 수 있고, 빠르게 대처할 수도 있습니다.

충간소음 민원인에게 당부하고 싶은 것도 있습니다. 충간소음 피해자 입장에서는 관리소장이나 관리사무소의 업무 처리가 답답하고 느리고 제 역할을 못한다고 느낄 수도 있습니다. 하지만 밤늦게 민원을 받고 하소연을 들어줄 곳은 관리사무소밖에 없습니다. 말 한마디라도 따뜻하게 해주시길 바랍니다.

공동주택관리법 제20조(층간소음의 방지 등)

① 공동 주택의 입주자 등은 공동 주택에서 뛰거나 걷는 동작에서 발생하는 소음 등 층간소음(인접한 세대 간의 소음을 포함하며, 이하 "층간소음"이라 한다)으로 인하여 다른 입주자 등에게 피해를 주지 아니하도록 노력하여야 한다.

② 제1항에 따른 층간소음으로 피해를 입은 입주자 등은 관리 주체에게 층간소음 발생 사실을 알리고, 관리 주체가 층간소음 피해를 끼친 해당 입주자 등에게 층간소음 발생을 중단하거나 차음 조치를 권고하도록 요청할 수 있다. 이 경우 관리 주체는 사실 관계 확인을 위하여 세대 내 확인 등 필요한 조사를 할 수 있다.

③ 층간소음 피해를 끼친 입주자 등은 제2항에 따른 관리 주체의 조치 및 권고에 따라 층간소음 발생을 중단하는 등 협조하여야 한다.

④ 제2항에 따른 관리 주체의 조치에도 불구하고 층간소음 발생이 계속될 경우에는 층간소음 피해를 입은 입주자 등은 제71조에 따른 공동주택관리 분쟁조정위원회나 '환경분쟁조정법' 제4조에 따른 환경분쟁조정위원회에 조정을 신청할 수 있다.

⑤ 공동 주택 층간소음의 범위와 기준은 국토교통부와 환경부의 공동부령으로 정한다.

⑥ 관리 주체는 필요한 경우 입주자 등을 대상으로 층간소음의 예방, 분쟁의 조정 등을 위한 교육을 실시할 수 있다.

⑦ 입주자 등은 필요한 경우 층간소음에 따른 분쟁의 예방, 조정, 교육 등을 위하여 자치적인 조직을 구성하여 운영할 수 있다.

03

층간소음을 법적으로 처리할 수 있을까요?

"층간소음 처벌법을 만들어달라."

"층간소음을 일으키는 자에게 과태료를 부과하라."

청와대 국민청원게시판에는 층간소음 관련 민원이 400개가 넘습니다. 그중 층간소음 처벌법에 대한 호응이 뜨겁습니다. 그만큼 많은 피해자가 층간소음에 관한 처벌법의 필요성을 느끼고 있습니다. 하지만 현실은 녹록지 않습니다.

현행법상 층간소음의 처벌 근거는 경범죄 처벌법상 인근소란죄로 10만 원 이하 벌금에 처해집니다. 그나마 고의성이 없다면 처벌하기 어렵습니다. 손해 배상의 경우 소음의 크기가 인정되어야 하는데 주간에는 43데시벨, 야간에는 38데시벨이 넘어야 합니다. 실제 아파트 윗집의 소음이 90데시벨을 넘는다는 증거를 확보해 법원으로부터

500만 원을 배상하라는 판결을 받은 사례가 있었습니다. 하지만 이는 이례적 판결이며 측정 장비도 제대로 갖추지 않은 피해자가 그 피해를 입증하기란 쉬운 일이 아닙니다. 오히려 피해자가 보복하려다 가해자가 되는 경우가 더 많습니다. 보복은 고의성이 잘 드러나기 때문입니다.

법적으로 해결되지 않으니 피해자 스스로 행동에 나서고 있는 게 지금 대한민국의 현실입니다. 윗집에 올라가 새총을 쏘기도 하고, 인분을 뿌리기도 하고, 심지어 상해·폭행·살인까지 벌입니다. 이런 행위는 모두 범죄로 처리됩니다. 언론은 가해자가 된 층간소음 피해자들의 고통을 외면하기 일쑤입니다. 오직 범죄 결과에만 초점을 맞출 뿐 원인은 애써 외면합니다. 이런 인식과 사회적 풍토 때문에 피해자는 참고 참고 또 참다가 어느 순간 폭발해 '너 죽고 나 죽자'는 심정이 되는 것입니다.

언제까지 이런 비극이 계속되도록 방치할 수는 없습니다. 가해자는 조금이라도 조심하고, 피해자는 조금이라도 억울함을 항변할 수 있는 법적 장치가 필요하다는 목소리가 커지고 있습니다. 저는 아직 시기상조라고 생각하지만 이제 층간소음 처벌법에 대해 국민적 관심과 논의가 필요한 때입니다.

04

해외에서는 층간소음 처벌을 어떻게 할까요?

2010년 국회입법조사처에서 〈공동 주택 층간소음의 문제점과 향후 과제 보고서〉를 발표했습니다. 이 보고서에는 외국의 사례가 자세히 나와 있습니다.

미국은 아파트에서 소음을 일으키면 관리사무소에서 3회 이상 경고하고 또 어기면 강제 퇴거하도록 규정하고 있습니다. 또한 소음을 공공성을 해치는 행위로 보고 거액의 과태료를 물리는 등 엄격하게 처벌합니다. 워싱턴 DC에서는 공동 주택 안팎의 소란 행위에 대해 250달러 이하의 벌금 또는 90일 이하의 구류에 처합니다. 뉴욕시에서는 타인의 생활을 방해하는 정도의 지속적인 소음을 유발하지 못하도록 규정하고 이를 넘어설 경우 벌금을 부과합니다. 오전 7시부터 오후 10시까지는 위반 횟수에 따라 350~1050달러를 부과하며,

오후 10시부터 오전 7시까지는 위반 횟수에 따라 450~1350달러를 부과합니다.

일본은 경범죄법 제1조 제14항에 "공무원의 제지를 듣지 않고 목소리, 악기, 라디오 등의 소리를 이상하게 크게 내어 정온을 해하고 이웃에 폐를 끼친 자"에게는 구류 또는 벌금을 부과할 수 있도록 규정해놓았습니다.

중국의 경우는 환경소음오염방지법에 따라 200위안의 벌금을 부과합니다. 프랑스는 형법 제623조 제2항(야간 소란)에 따라 타인의 평온을 해하는 야간 소란이나 모욕적인 소란, 소음의 경우 3급 위경죄(違警罪)로 최고 450유로의 벌금에 처합니다.

홍콩은 소음규제법에 따라 평일 오후 11시에서 오전 7시, 일요일 및 공휴일은 전일 상대방을 방해할 수 있는 일체의 소음을 금지하고, 이 외의 시간이라 하더라도 음악을 크게 틀거나 큰 소리로 게임을 하거나 상업 목적으로 소음을 내는 경우 벌금에 처합니다.

영국은 반사회적 행동법과 청정 이웃 및 환경법(제11조)으로 규제하고 있는데, 타인의 수면을 방해하는 일은 오후 10시부터 다음 날 오전 7시까지 금하며, 소음을 일으키는 노래, 악기 연주, 음향 등의 사용 요일과 시간을 따로 정해두고 있습니다.

독일은 연방질서위반법 제117조 제1항에서 이웃을 괴롭히거나 타인의 건강을 해칠 수 있는 불필요한 소음을 배출한 사람에게 최대 5000유로의 과태료를 부과할 수 있도록 규정하고 있습니다. 아울러 임대차계약서에 임차인이 지속적으로 층간소음을 유발할 경우 집주인은 임차인에게 계약 해지를 통보하고 퇴거를 청구할 수 있는 조항을 두는 것이 보편화되어 있습니다.

호주도 독일처럼 임대차계약서에 시간대별로 어떤 소음을 허용하는지 규제 항목을 정확하게 명시하는 경우가 대부분입니다. 관리사무소가 피해자의 신고를 받아 가해자에게 경고한 뒤에도 나아지지 않으면 경찰을 부릅니다. 출동한 경찰은 그 자리에서 가해자에게 벌금을 부과할 수 있습니다.

05

층간소음이웃사이센터는 지금 전쟁 중

"안녕하세요, 층간소음이웃사이센터입니다. 무엇을 도와드릴까요?"

"지금 윗집에서 들리는 층간소음 때문에 미치기 일보 직전입니다. 빨리 와서 소음 측정 좀 해주세요."

"고객님, 먼저 층간소음 상담을 받으시고, 그래도 안 되면 소음 측정을 해드리고 있습니다. 우선, 층간소음 상담 신청을 해주시기 바랍니다."

"상담 신청을 하면 지금 당장 나올 수 있는 겁니까?"

"인터넷상으로 신청을 하신 후, 조금만 기다리시면 담당자가 연락을 드릴 겁니다."

"아니, 내가 지금 죽게 생겼는데, 뭘 또 기다리라는 거야. 지금 당장 나와야지!"

"죄송합니다. 센터의 방침에 따라 진행을 해드리다 보니 그렇습니다. 최대한 빨리 연락을 드리고 찾아뵙겠습니다."

"뭐, 제대로 일하고 있는 것 맞아? 지금 당장 나오지 않으면 센터가 뭐가 필요해!"

　층간소음이웃사이센터 상담실은 오늘도 전쟁 중입니다. 층간소음이웃사이센터는 환경부 산하 기관입니다. 최근 급증하는 공동 주택의 층간소음 문제가 이웃 간 분쟁에서 사회 문제로 확대되자 이를 예방하고 분쟁을 합리적으로 조정하고자 2012년에 신설한 부서입니다. 이 센터에서 일하고 있는 직원들은 하루에도 수십 통의 전화 상담을 하고 있습니다. 수많은 직원이 층간소음 민원인들에게 여러 가지 고충을 당하기도 하고, 아픔과 고통을 함께 나누며 동고동락하고 있습니다.

　민원은 매년 2만여 건 정도 접수되는데 2020년은 코로나19의 영향으로 5만 2250건에 달해 전년 대비 60.9퍼센트나 늘어났습니다. 2012년 이후 접수된 층간소음 민원은 총 20만 6320건으로 매년 증가하고 있습니다. 지역별로는 경기도가 42.3퍼센트(8만 7355건)로 가장 많고 서울 22.4퍼센트(4만 6284건), 인천 6.8퍼센트(1만 4006건) 등으로 수도권이 71.5퍼센트를 차지했습니다.

　층간소음이웃사이센터의 직원들은 층간소음으로 고통을 겪고 있

는 민원인들의 이야기를 들으며 하루하루 전쟁을 치르고 있습니다. 한때는 사무실 벽에 "층간소음, 들리는 소리보다 듣는 소리가 필요합니다"라는 문구를 걸어놓고 일하기도 했습니다.

이러한 활동에도 불구하고 평가는 야박하기만 합니다. 서비스 만족도 점수는 3년 연속 50점 초반에 머물렀습니다. 2014년 50.3점, 2015년 52.0점, 2016년 54.7점으로 나타났고, 현장 진단이 분쟁 해소에 도움을 주는지에 대한 만족도는 30점 초반에 불과했습니다. 후속 조치에 대해 충분한 설명이 이뤄졌는지에 대한 만족도는 2015년 43.6점에서 2016년 39.7점으로 떨어졌습니다. 상황이 이렇다 보니 조사가 끝날 때마다 센터의 존속 여부에 대한 의견을 묻는 연락이 옵니다.

"소장님, 층간소음이웃사이센터가 필요한가요? 만족도도 낮은데 없애는 것이 좋지 않을까요? 어떻게 생각하세요?"

그럴 때마다 저는 한결같은 대답을 합니다.

"층간소음이웃사이센터의 만족도가 낮은 것은 층간소음 민원을 완전히 해결하는 데 초점을 두기 때문입니다. 이 생각을 바꾸지 않는 한 센터 서비스에 대한 만족도는 좋아질 수 없습니다. 층간소음은 완전히 해결할 수 없습니다. 지난 20년 넘는 데이터와 제 경험이 그 사실을 증명합니다. 단, 층간소음으로 인한 폭행과 살인 사건 등 이웃 간의 불미스러운 일을 사전에 방지하고 예방하는 차원에서는 꼭 필요합니다. 층간소음 피해에 지쳐 지푸라기라도 잡고 싶은 사람들에게는

센터가 든든한 힘이 됩니다. 층간소음이웃사이센터는 층간소음의 마지막 보루입니다."

층간소음이웃사이센터의 전화번호는 1661-2642입니다. 뒷자리 2642가 '이웃사이'로 읽혀 외우기 쉽습니다. 층간소음으로 고통받고 있는 분들에게는 꼭 필요한 번호이니 잘 기억해두시기 바랍니다.

층간소음이웃사이센터 상담 신청 안내

1. 층간소음 범위(공동 주택 층간소음의 범위와 기준에 관한 규칙)

공동 주택 층간소음의 범위는 입주자 또는 사용자의 활동으로 인하여 발생하는 소음으로서 다른 입주자 또는 사용자에게 피해를 주는 각 호의 소음으로 한다.

① 직접 충격 소음: 뛰거나 걷는 동작으로 인하여 발생하는 소음

② 공기 전달 소음: 텔레비전, 음향 기기 등의 사용으로 인하여 발생하는 소음

2. 층간소음에 해당되지 않는 내용

① 인테리어 공사 소음

② 개 짖는 소리 및 동물 소리

③ 코골이, 부부 생활 소리(사생활 소음)

④ 싸우는 소리, 고성방가, 사람 육성

⑤ 급수, 배수 소음

⑥ 담배 냄새

⑦ 보일러, 에어컨 실외기 소음

⑧ 원인 불명 소음

3. 상담 범위

주택법시행령 제2조 제1항에 의거해 아파트, 연립 주택, 다세대 주택 같은 공동 주택에만 해당하며 단독 주택, 다가구 주택, 주상 복합, 상가 건물, 오피스텔, 원룸 등은 시·도지사가 구성한 건물분쟁조정위원회를 통해 소음, 진

동, 악취 등 공동생활과 관련된 분쟁에 대해 심의 또는 조정을 받을 수 있다. 정확한 안내는 거주하는 지자체 또는 대한법률구조공단(132)으로 문의.

4. 경범죄의 종류

경범죄처벌법 제3조 제1항에 의거해 (인근 소란 등) 악기, 라디오, 텔레비전, 전축, 종, 확성기, 전동기 등의 소리를 지나치게 크게 내거나 큰 소리로 떠들거나 노래를 불러 이웃을 시끄럽게 한 사람은 10만 원 이하의 벌금, 구류 또는 과료의 형으로 처벌한다.

06

층간소음이웃사이센터에 바랍니다

층간소음이 점점 사회 문제로 확산하자 가장 먼저 발 벗고 나선 정부 기관이 환경부였습니다. 2012년 환경부는 층간소음 민원의 정확한 진단을 위해 제가 소장으로 있는 주거문화개선연구소와 함께 연구 과제를 진행했습니다. 그 결과 국내 최초로 전화 및 현장 방문을 병행하는 민원 상담 기관이 만들어졌습니다. 바로 층간소음이웃사이센터입니다.

저는 2001년 이후부터 줄곧 층간소음을 국가적 차원에서 해결해야 한다고 정부에 제안했습니다. 하지만 제 주장은 늘 무시·묵살당하기 일쑤였습니다. 저는 매번 커다란 벽 앞에 멈춰 서야 했습니다.

"층간소음 문제는 시공만 튼튼하게 하면 해결된다."

"민원인은 정신적으로 문제가 있는 사람이다. 공동 주택에서 생활

소음은 당연한 것이다."

"예민한 사람들을 위해 법을 만들 수는 없다."

당시 정부 관계자의 인식이 위와 같았습니다. 그래도 끊임없이 요구하고 주장한 덕분인지 환경부에서 크나큰 결단을 해주었습니다. 덕분에 층간소음은 음지에서 양지로 올라올 수 있었고, 예민하거나 유별난 사람이 겪는 정신병이 아니라 누구나 피해자가 될 수 있다는 인식이 조금씩 생겨나기 시작했습니다. 몇몇 신경질적이고 예민한 사람의 불만이 아니라 국민 모두가 겪을 수 있는 사회적 문제로 인식하게된 것입니다. 그런 배경에서 어렵게 탄생한 층간소음이웃사이센터가요즘 들어 여기저기서 비난의 화살을 맞고 있습니다.

"층간소음이웃사이센터는 아무 도움이 안 돼요."

"지금 신청하면 3개월 후에 온대요. 내가 죽거나 윗집이 죽거나, 살인 사건이 나고 오면 뭐 해요."

"3개월을 기다렸다가 상담을 받았는데, 윗집에 사람이 없다고 그냥 가버렸어요."

"소음 측정을 하려면 또 몇 개월을 기다리래요."

"층간소음이웃사이센터에 법적인 권한이 없는데, 상담만 하면 뭔소용이 있나요."

정부 관계자와 정치권에서는 이런 이야기도 들려오고 있습니다.

"한계가 왔어요. 더 이상 층간소음 민원 해결에는 돌파구가 없습니다."

"아예 강력한 법을 만들어 처벌해야 합니다."

다 맞는 말입니다. 하지만 층간소음이웃사이센터가 존재한다는 것만으로도 안도감과 위안을 받는 피해자가 있고, 조심하고 경각심을 갖는 소음 유발자도 있음을 명심해야 합니다. 이에 저는 층간소음이웃사이센터에 몇 가지 제안을 하려고 합니다.

첫째, 민원 신청 후 2주 안에 첫 현장 상담을 한다는 목표를 가지고 시스템을 재구축해야 합니다. 현재 층간소음이웃사이센터는 민원 접수 후 짧게는 1개월, 길게는 9개월 이상 걸립니다. 오늘내일이 급한 민원인 입장에서는 대기 시간이 너무 깁니다. 아무리 열 번 넘게 전화 상담을 한다 해도 현장 상담을 한 번 하는 것보다 못합니다. 특히 초기 층간소음 민원은 전화보다 현장 상담이 몇십 배 더 중요하다는 것을 인지해야 합니다. 가능한 한 2주 안에 현장 상담을 할 수 있도록 하고, 추후에는 현장과 전화 상담을 두루 병행하는 방식으로 운영해야 합니다.

둘째, 민원 상담사에 대한 체계적이고 효율적인 교육이 필요합니다. 긴 시간을 기다린 민원인은 큰 기대감을 갖고 상담사를 맞이합니다. 그때 상담사의 머릿속이 아래와 같다면 어떨까요?

'민원인은 한결같이 골치가 아파.'

'민원인한테도 잘못이 있어.'

'서로 양보하면 될 것을 이웃끼리 뭐 하는 짓이야.'

상담사가 남의 일처럼 생각하고 접근한다면 민원인에게 더 큰 상처만 남기게 됩니다. 민원인은 지푸라기라도 잡는 심정으로 상담사의 말에 귀를 기울입니다. 하지만 몇 번의 대화를 통해 상담사가 어떤 생각을 갖고 있는지 알게 되는 것은 어렵지 않습니다. 인간은 감정을 느끼는 동물이기 때문입니다. 때론 상담사의 부주의한 말 한마디와 행동 때문에 더 큰 상처를 받는 민원인을 많이 봤습니다. 현재는 층간소음이웃사이센터 상담사에 대한 교육이 부실한 형편입니다. 하루라도 빨리 체계적이고 효율적인 교육 시스템을 구축해야 합니다.

셋째, 층간소음을 아랫집 입장에서 바라보고 접근하는 시각과 시스템을 만들어야 합니다. 같은 국민인데 어떻게 아랫집 입장만을 고려하느냐고 말하겠지만, 층간소음은 아랫집의 민원이 없어지면 저절로 사라지기 때문입니다. 즉 층간소음의 키는 윗집이 아니라 아랫집이 쥐고 있다는 사실을 하루빨리 인지해야 합니다.

넷째, 층간소음 민원을 해결의 관점이 아니라 저감의 관점에서 바라봐야 합니다. 층간소음은 몇 번의 상담만으로 해결할 수 있는 간단한 문제가 아닙니다. 섣불리 해결하기보다는 층간소음 문제로 폭행이나 살인 등 불행한 일이 발생하지 않도록 하겠다는 관점을 가져야 합니다.

다섯째, 사후 관리를 철저하게 해야 합니다. 현장 상담 후 민원인의 상태를 지속적으로 관리하는 시스템을 구축해야 합니다. 현장 방문을 자주 하기 어려우면 전화상으로도 관리를 해야 합니다. 예를 들면, 현장 방문 시 윗집에서 매트를 깔기로 했다면, 언제 설치하는지를 아랫집에 알려주어야 합니다. 밤 8시 이후에는 조용히 하기로 상호 약속을 했다면, 그것을 잘 준수하고 있는지 체크하고 아랫집에 알려주는 등 한 달에 한두 번 정도의 전화 상담을 해야 합니다. 현재는 이러한 사후 관리가 거의 이루어지지 않고 있습니다.

지금 층간소음은 악성 민원으로 진화하고 있습니다. 층간소음이웃사이센터에 새로운 시스템이 필요한 시점입니다.

07

층간소음 저감을 위해 건설사에 바랍니다

"1퍼센트의 소음도 줄여드립니다."

"집에서 러닝머신을 해도 안전합니다."

"저희 시공사에서 지은 아파트는 층간소음에 안전합니다."

"시공만 튼튼하면, 층간소음은 완전히 해결됩니다."

층간소음 문제가 본격적으로 대두하기 시작한 것은 2000년대 초 반입니다. 2004년에야 국내 최초로 바닥 충격음 기준이 만들어졌는 데, 이때 시공사들의 홍보 문구에는 '안전' 혹은 '해결'이라는 단어가 자주 등장했습니다. 그러나 아파트를 분양받은 사람들은 이게 얼마나 허황된 거짓말인지 이내 알게 되었습니다. 시공사의 거짓말과 부풀리 기는 시일이 지날수록 더욱 커졌고 소비자의 불만도 더욱 늘어났습니 다. 그럴 때마다 시공사는 소비자 탓을 하기 시작했습니다.

"아파트 시공에는 전혀 하자가 없습니다. 지을 때 철저하게 층간소음 기준을 준수했습니다."

"층간소음은 입주민의 문제이지 어떻게 시공사의 문제입니까?"

"층간소음을 더 줄이면 분양가가 올라가요. 소비자들이 받아들이기 쉽지 않죠."

"현재 슬래브 두께를 210밀리미터 이상으로 하고 있습니다. 전 세계적으로 우리나라만큼 층간소음 때문에 시공을 튼튼히 하고 기준을 강화하는 나라도 없습니다."

층간소음 민원이 증가하자 감사원이 나섰습니다. 감사원은 2018년 11월부터 2019년 1월까지 아파트 층간소음 저감 제도 운영 실태를 조사했습니다. 그 결과는 가히 충격적이었습니다. 공공 아파트 바닥 충격음 측정 결과, 126세대 중 경량 충격음의 경우 14세대(11퍼센트)가 최소 성능 기준(58데시벨)에 미달했고, 중량 충격음의 경우 55세대(44퍼센트)가 최소 성능 기준(50데시벨)에 미달한 것으로 평가되었습니다. 한편 민간 아파트 측정 결과, 65세대 중 경량 충격음의 경우 모든 세대가 최소 기준을 만족했지만, 중량 충격음의 경우는 47세대(72퍼센트)가 최소 성능 기준에 미달했습니다. 요컨대 층간소음 민원의 70퍼센트 이상을 차지하고 있는 중량 충격음의 경우 평균 60퍼센트가 층간소음 기준을 준수하지 않은 채 시공한 후 소비자를 속여 거짓 분양한 것입니다. 즉 층간소음 문제는 시공사의 문제가 60퍼센트 이상이라는 얘깁니다. 이 같은 감사원 조사 결과에 많은 사람이 분노했습니다. 특히 층간소음으로 고통받고 있는 사람들은 카페나 커뮤니티에 이 사실을 공유하며 시공사와 정부를 질타했습니다. 저 또한 감사원 보고서를 읽으며 몇 번이나 한숨과 탄식을 뱉어야만 했습니다. 이에 저는 층간소음 저감을 위해 시공사에 몇 가지 제안을 하려 합니다.

첫째, 강성이 높은 구조체 개발에 적극 나서야 합니다. 현재 공동 주택에서 많이 적용하고 있는 방식은 벽식 구조인데, 바닥과 벽이 일체화되어 소음 차단에 취약합니다. 그렇다고 비용이 많이 드는 기둥식 구조나 무량판 구조(無梁板構造, mushroom construction)만이 벽식 구조의 대안인 것은 아닙니다. 그보다는 새로운 기술을 개발하는 게 우선입니다. 멀리 내다보고 사업성도 있고 층간소음도 줄일 수 있는 구조체를 개발해야 합니다.

둘째, 층간소음을 줄이기 위해 슬래브 두께의 기준을 정확하게 준수해야 합니다. 고성능의 흡음재를 사용하고, 이를 위한 기술 개발을 지속적으로 해야 합니다. 일부 대형 시공사에서 기술 연구소를 축소하는 움직임이 있는데, 과연 기술 개발 없이 현재의 층간소음 민원 문제를 잠재울 수 있을지 의문입니다.

셋째, 감리원(監理員)이 제 역할을 할 수 있도록 고유 감독 권한을 보장해야 합니다. 최근 정부는 시공 단계에서 철저하게 층간소음을 차단하기 위해 감리원의 역할을 강화했지만, 감리원은 시공사와의 관계에서 자유로울 수 없는 입장입니다. 따라서 감리원의 권한을 최대한 보장해야 합니다.

넷째, 아파트 분양 시 과대광고를 하지 말아야 합니다. 특히 층간소음을 완전히 해결했다거나 해소했다는 식의 홍보보다는 측정 결과를 그대로 소비자에게 알려주어야 합니다. 또한 경량 충격음보다는 중량 충격음에 대한 정보를 정확하게 전달해야 합니다.

다섯째, 아파트 준공 후 정확한 평가가 이루어지도록 측정 업체의 권한을 보호해야 합니다. 기준에 만족하도록 측정 결과를 조작하는 등의 요구를 하지 말아야 합니다. 이 점은 2019년 감사원에서도 지적했고 정부도 이에 대한 제도를 정비하고 있습니다.

지금이라도 시공사는 층간소음 저감 문제가 근본적으로 자신들의 문제임을 인정하고 소비자에게 진심으로 사죄할 필요가 있습니다. 층간소음을 소비자 입장에서 생각해야 향후 더 큰 문제를 막을 수 있다는 사실을 명심해야 합니다.

08

층간소음 해결을 위해
정부와 국토부에 바랍니다

"아파트 층간소음은 건설사의 시공 하자 때문이다. 국토부와 행정중심복합도시건설청, 세종시청 등은 층간소음의 근본적 개선 방안 마련에 소극적 태도로 일관하고 있다. 층간소음 대책 마련에 적극적으로 개입할 것을 촉구한다."

2019년 세종시 아파트대표연합회는 국토교통부 앞에서 집회를 열고 항의했습니다. 그간 층간소음으로 인한 갈등은 윗집·아랫집에 사는 이웃 간 문제라고 생각했습니다. 세종시에서 층간소음 때문에 일어난 흉기 난동 사건 또한 이웃 간 매너 문제라고 여겼습니다. 하지만 2019년 감사원 감사 결과는 층간소음이 입주민의 문제가 아니라 건설사가 소음 차단재를 제대로 넣지 않아 비롯된 하자인 것으로 드러났습니다. 이에 세종시를 비롯해 곳곳에서 국토부에 대한 항의 집회가 일어났습니다. 그동안 층간소음을 적극 해결하려는 환경부와 달리 국토부는 방관자 입장이었습니다. 이제 더 이상 국토부는 층간소음을 외면해서는 안 됩니다. 막연히 추측으로만 여겨졌던 시공사의 부실 문제가 사실로 확인되었기 때문입니다. 이에 저는 정부와 국토부에 다음과 같은 제안을 드립니다.

첫째, 국토부는 시공사가 아니라 소비자 입장에서 정책을 수립해야 합니다. 층간소음으로 고통받고 있는 소비자의 의견을 최대한 반영해 이를 해결하는 신기술이 나올 수 있도록 도와야 합니다.

둘째, 층간소음을 하자로 인정해야 합니다. 그래서 입주 후 일정 기간 동안 하자 관리를 하도록 법을 만들어야 합니다. 층간소음은 입주 후부터 시작됩니다. 그런데 시공사는 층간소음을 자신의 문제가 아닌 것처럼 취급하고 있습니다. 이 때문에 아파트 관리사무소, 정부 기관 등에 층간소음 민원이 몰릴 수밖에 없습니다.

셋째, 시공사가 소음 저감 기술을 개발할 수 있는 환경을 만들어주어야 합니다. 또한 바닥 충격음 표시 척도와 아파트에서의 생활감이 서로 일치하도록 제도적 보완을 해야 합니다.

넷째, 부실시공으로 인해 층간소음 피해를 입었다는 걸 증명하면 법적으로 피해 보상을 받을 수 있도록 해야 합니다.

마지막으로, 시공사가 층간소음 민원센터를 아파트 내에 설치하도록 법제화해야 합니다. 이렇게 준공 후 발생하는 층간소음 민원을 관리하면 정부에서 굳이 세금을 들여 층간소음 민원을 처리하지 않아도 될 것입니다.

정부와 국토부는 2019년 감사원의 감사 결과 보고를 겸허하고 엄숙하게 바라봐야 합니다. 이제 더 이상 제 잇속만 채우려는 시공사 때문에 이웃끼리 서로 죽이고 죽는 일이 없어야 합니다.

09

층간소음 민원의 최전선에 있는
관리소장에게 바랍니다

"소장님, 어디쯤 오셨습니까? 벌써 전국의 관리소장이 다 모였습니다. 다들 얼른 보고 싶어 합니다. 소장님 강의 듣고 많은 도움이 되었다고 관리소장들 사이에서 소문이 난 모양입니다. 얼른 오세요."

아파트 관리소장들을 위한 강의는 늘 활기가 넘치고 열정적입니다. 강의 요청은 주로 전국 각지의 시청이나 구청 등 지자체에서 옵니다. 대한주택관리사협회에서도 정기적으로 강의 요청이 들어옵니다. 코로나19로 대면 강의는 다소 주춤해지긴 했지만, 아파트 관리소장을 대상으로 한 강의 요청이 많은 것은 날이 갈수록 심해지는 층간소음 민원의 최전선에 관리소장과 관리소가 있기 때문입니다.

강의 내용은 크게 두 가지로, 입주민의 층간소음 민원과 층간소음 관리위원회에 관한 것입니다. 적게는 20명, 많게는 300명 넘는 관리소장들이 강의 시간 90분 내내 귀를 쫑긋 세우는 걸 볼 때마다 하나라도 더 알려드리기 위해 노력하고 있습니다. 실무에 바로 적용할 수 있는 내용으로 구성해서 그런지 강의에 대한 평가는 늘 후한 편입니다. 과분하고 고마울 따름입니다. 하지만 아직도 층간소음 교육을 받지 않고 일선에서 민원을 처리하고 있는 관리소장이 많습니다. 이분들은 마치 사격술도 배우지 않고 전쟁터에 나가는 병사와 같습니다. 더욱이 코로나19와 집콕으로 인해 층간소음 분쟁이 점점 심해지고 있는 요즘, 관리소장이 아무런 지식 없이 민원을 처리하는 것은 안타까운 일입니다. 이에 이 자리를 빌려 전국의 아파트 관리소장에게 몇 가지 바라는 점을 적어보겠습니다.

첫째, 아파트 관리소장이라면 층간소음 전문 교육을 반드시 이수해야 합니다. 층간소음 교육을 받은 관리소장과 받지 않은 관리소장은 천지차이입니다. 교육을 받지 않은 관리소장은 자신의 지식과 경험으로 문제를 해결하려다 더는 견딜 수 없게 되면 전문가를 찾습니다. 관리소장이 층간소음 문제를 대수롭지 않게 여기는 아파트 단지일수록 층간소음 분쟁이 잦고 폭행과 살인까지 벌어지는 경우가 많으니 전문교육은 이제 선택이 아니라 필수라는 생각을 가져야 합니다. LH 아파트의 경우에는 중앙 공동주택관리 분쟁조정위원회를 통해 문의하면 되고, 민간 아파트의 경우에는 층간소음이웃사이센터에서 교육을 담당하고 있습니다. 우리관리주식회사와 같이 위탁 관리 업체에 소속된

관리소장의 경우에는 해당 회사에 문의해 반드시 교육을 받아야 합니다.

둘째, 관리소 직원과 경비원들에게도 층간소음 교육을 시켜야 합니다. 관리소장은 대개 월요일부터 금요일까지, 그리고 아침 9시부터 저녁 6시까지 근무합니다. 하지만 층간소음이 가장 많이 발생하는 것은 아침 출근 시간과 저녁 시간, 그리고 주말입니다. 관리소장이 부재할 때 가장 많은 층간소음이 발생하는 겁니다. 전화상으로 해결할 수 있는 층간소음이라면 다행이지만 관리소 직원이나 경비원이 출동해야 하는 민원이라면 반드시 전문 지식을 갖춘 상태여야 합니다. 섣불리 중재하려다가는 상황이 더 심각해질 수 있습니다. 특히 층간소음 민원인은 관리소 직원이 당사자의 하소연은 무시하고 상대방 편만 들고 있다고 생각하는 경우가 많습니다. 이런 상황이 되면 싸움은 걷잡을 수 없이 커지고 관리소에 대한 불신과 불만만 더욱 증폭됩니다. 이런 일이 발생하지 않도록 관리소장은 반드시 직원과 경비원 혹은 보안 요원에게 층간소음 전문 교육을 시켜야 합니다.

셋째, 지속적인 층간소음 방송 안내와 홍보를 실시해야 합니다. 하루 1회 이상은 반드시 층간소음 안내 방송을 하고, 주말은 2회 이상 하는 게 좋습니다. 아파트 게시판이나 엘리베이터, 커뮤니티 등 주민들이 자주 이용하는 곳곳에 층간소음 관련 캠페인 포스터를 부착해야 합니다. 포스터는 환경부 산하 중앙 환경분쟁조정위원회나 주거문화개선연구소, 대한주택관리사협회 사이트에 들어가면 무료로 다운받을 수 있습니다.

　마지막으로, 하루빨리 층간소음관리위원회를 만들어야 합니다. 공동주택관리법 제20조 및 관리 규약에는 층간소음에 따른 분쟁의 예방, 조정, 교육 등을 위해 자치적인 조직을 구성해서 운영할 수 있다고 명시되어 있습니다. 서울시 공동주택관리규약 준칙 제94조도 층간소음관리위원회 구성을 명시하고 있습니다.

　층간소음관리위원회가 없는 아파트에 근무하는 관리소장은 하루라도 빨리 발 벗고 나서서 층간소음관리위원회를 구성할 수 있도록 해야 합니다. 입주자대표회의와 주민에게 층간소음관리위원회의 필요성을 설명하고 설득해야 합니다. 층간소음관리위원회 구성이야말로 관리소장의 부담을 줄이고 주민들에게 더 나은 층간소음 민원을 서비스할 수 있는 길이라는 점을 명심해야 합니다.

층간소음 예방 안내 방송문 1

관리사무소에서 층간소음과 관련하여 안내 말씀 드립니다.
아이들 뛰는 소리 등의 생활 소음은 공동 주택에 살다 보면
어쩔 수 없이 발생할 수 있는 소리지만
우리 이웃에게는 큰 고통이 될 수 있다는 점을 이해하시고
주민 여러분의 주의와 배려를 부탁드립니다.
우리 집 바닥은 아래층 천장입니다.
우리 집 바닥은 아랫집의 천장이라 생각하시고
가능한 한 조용히 걸어야 합니다.
특히 밤늦은 시간에는 소음 발생에 더욱 주의하여야 합니다.
청소기, 세탁기, 피아노 등의 사용은 자제하시고
의자와 같은 가구는 끌지 말고 들어서 옮기거나
소음 방지 덮개를 하여야 합니다.
그 밖에 반려견 짖는 소리, 문 닫는 소리 등이
이웃에 피해를 주지 않도록 주의해주시길 당부드립니다.
다시 한 번 알려드립니다.
(반복)
이상은 관리사무소에서 알려드렸습니다.

층간소음 예방 안내 방송문 2

관리사무소에서 층간소음과 관련하여 안내 말씀 드립니다.
즐겁게 놀면서 뛰는 아이들의 행동이
또 무심코 의자를 끌어당긴 나의 행위가
우리 이웃에게는 큰 고통이 될 수 있습니다
누구나 가해자나 피해자가 될 수 있는 층간소음은
서로 이해하고 배려하여 줄여나가야 합니다.
평소에 이웃 간 반갑게 맞는 인사로부터 이해와 소통이 시작됩니다.
층간소음 문제는 감정싸움이 되기 전에 상호 간의 배려로 풀어야 합니다.
이해와 배려로 층간소음 없는 우리 아파트가 되도록
입주자 여러분께서 협조해주시기 바랍니다.
다시 한 번 알려드립니다.
(반복)
이상은 관리사무소에서 알려드렸습니다.

층간소음 예방 안내 방송문 3

안녕하십니까?
관리사무소에서 층간소음과 관련하여 안내 말씀 드립니다.
벽과 천장을 함께 쓰는 공동 주택에서 생활하다 보면 어쩔 수 없이
층간소음이 발생할 수밖에 없지만 주민 여러분의 조금의 배려가
이웃 간 정이 넘치는 아파트를 만들 수 있습니다.
집 안에서는 매트 위에서 사뿐사뿐 걷고,
슬리퍼 사용으로 걷는 소리를 줄여주시기 바랍니다.
의자 등 가구를 옮길 때는 조심조심하고, 가구와 바닥을 위해서라도
소음 방지 패드를 붙여주시기 바랍니다.
늦은 밤에는 샤워나 설거지 소리도 크게 들립니다.
늦은 밤이나 이른 아침에는 청소기, 세탁기 등의 사용을
자제해주시기 바랍니다.
아름다운 음악이나 TV 소리도 이웃에게는 소음이 될 수 있으므로
적당한 볼륨을 지켜주시기 바랍니다.
천장을 치면서 보복 소음을 내는 것은 이웃 간 분쟁을 키우는 행위입니다.
조금만 배려하면 이웃 간 정이 넘치는 아파트 만들기가 가능합니다.
우리 모두 조금만 노력해주시기를 당부드립니다.
다시 한 번 알려드립니다.
(반복)
이상 관리사무소에서 알려드렸습니다.

출처: 국가소음정보시스템(www.noiseinfo.or.kr). 이 안내 방송문은 국가소음정보시스템
자료실 63번 '층간소음 관리사무소 방송 멘트'에서 다운받을 수 있습니다.

10

아파트 입주자대표회의와
층간소음관리위원회에 바랍니다

"층간소음 문제가 이슈화된 아파트는 가격이 하락하나요?"

2012년 대구 수성구의 한 아파트에서 자문 의뢰가 들어왔습니다. 개인적 의뢰가 아니라 아파트 전체 명의라는 게 특이했는데 일명 '층간소음피해자대책위원회'라는 이름이었습니다. 이 위원회가 생긴 것은 아파트 내에 층간소음이 잦고 민원이 많이 발생하고부터였습니다. 수소문 끝에 아파트 입주자대표회의 임원들은 제가 운영하고 있는 주거문화개선연구소 홈페이지에서 '층간소음 저감 매뉴얼' 자료를 다운받아 실행했습니다. 하지만 별 효과가 없고 층간소음 민원이 더욱 심해지자 원안자인 제게 연락을 해온 것입니다.

서둘러 대구로 내려갔습니다. 위원장이 제 손을 꼭 잡고 말했습니다.

"소장님, 지금 저희 위원회가 주민들에게 항의를 많이 받고 있어요.

가만히 있었으면 이렇게까지 층간소음 민원이 발생하지도 않았을 텐데, 괜히 아는 척 들쑤셔가지고 온 동네 소문이 났다고요. 그리고 저희 아파트는 층간소음이 심해 이사 오길 꺼린다는 겁니다. 요즘은 잠도 잘 안 옵니다. 좀 도와주세요."

위원장의 목소리가 떨렸습니다.

"위원장님이 그동안 진행해온 자료를 다 읽어봤습니다. 층간소음 문제를 해결하기 위해 노력과 고생을 참 많이 하셨더군요. 근데 살펴보니 몇 가지 중요한 부분을 놓친 것 같습니다. 가장 먼저, 층간소음을 줄이기 위해서는 주민들의 적극적 동참이 중요한데 그 부분을 간과하시는 듯합니다. 층간소음 운영 규칙을 다운받아놓고 왜 주민들의 동의 절차를 생략한 채 시행하셨는지요?"

"그거야 매뉴얼대로 하면 된다고 생각해서……."

"아무리 좋은 규칙이고 매뉴얼이라도 구성원의 동의와 지지 없이는 정착하기 힘듭니다. 다운받은 운영 규칙을 아파트 게시판 곳곳에 게시하고 방송을 한 건 잘하셨습니다. 하지만 각 세대마다 운영 규칙과 매뉴얼을 배포하지 않은 것은 잘못입니다. 그리고 대책위원회 봉사자분들에 대한 층간소음 기본 교육이 잘못된 것도 원인입니다."

"그럼 이제 어떻게 해야 합니까?"

"우선 주민 설명회를 열어야 합니다."

2주 후 주민 설명회가 열렸습니다. 이 자리에서 저는 층간소음관리위원회의 필요성과 운영 규칙 제정을 위해 층간소음에 대한 각종 민원별 설문 조사를 진행했습니다. 주요 소음원과 주요 피해 시간대, 피해자 요구 사항 등등을 바탕으로 새로운 운영 규칙도 만들었습니다. 그리고 피해자대책위원회 봉사자들에게 기초 교육을 실시하고 그분들을 각 동별로 구분해 배치했습니다.

"소장님 덕분에 점점 틀이 잡혀가는 것 같습니다."

위원장의 얼굴에 화색이 돌기 시작했습니다.

"이제 최종적으로 확정된 층간소음 운영 규정을 공포해야 할 때입니다. 2차 주민 설명회를 열어야 하니 주민들을 모아주세요."

이렇게 해서 모인 2차 설명회. 설명회가 순조롭게 진행되고 있는데 꼬장꼬장한 노인 한 분이 손을 들고 발언을 요청했습니다.

"이번에도 또 실패하면 어쩔 거요? 안 그래도 층간소음 많은 아파트라 소문났는데."

"이번에는 괜찮을 겁니다. 여기 국내 최고 전문가이신 차상곤 소장님이 직접 자문해주시고 계십니다. 저희도 많이 준비했고요."

"우리 아파트 가격이 떨어지면 전문가 양반이 책임이라도 지겠소?"

제가 일어나 말했습니다.

"어르신, 그동안 층간소음 때문에 아파트 가격이 떨어진 예는 없었습니다."

"층간소음이 소문나면 아파트 가격이 떨어진다는 게 거짓말이라는 게요?"

"네, 어르신. 그건 그저 소문에 불과합니다. 이번에 채택된 층간소음 관리 규정대로 운영하시면 전보다 민원이 많이 줄 겁니다."

"민원이 심해지거나 효과가 없다면 그땐 어떻게 할 거요?"

주민의 시선이 모두 내게 쏠렸습니다.

"그땐 제가 이 아파트에 들어와 살겠습니다."

여기저기서 웅성거리는 소리가 들렸고 어르신은 껄껄껄 웃었습니다. 당연하게도 저는 그 아파트에서 살지 않아도 되었습니다. 그 아파트는 층간소음 민원이 90퍼센트나 감소했고, 이 사실이 언론에 크게 보도되어 각 아파트 내에 층간소음관리위원회 같은 주민 자치 기구 시스템을 구축해야 한다는 제 주장에도 힘이 실렸습니다. 훗날 이 사례는 대통령 앞에서 해당 공무원이 발표할 정도로 화제가 되었고 '층간소음을 해결한 아파트'로 소문난 까닭에 가격도 많이 올랐습니다. 그 후 몇몇 아파트에서도 이와 비슷한 일이 있었습니다. 결국 제가 확인한 사실은 층간소음 때문에 아파트 가격이 떨어진 예는 없지만, 층간소음 문제를 잘 해결해 가격이 오른 사례는 많다는 것입니다.

저는 2015년 한국소음진동공학회에서 발간한 《한국소음진동학회 학술대회논문집》에 〈층간소음 관리 시스템 적용과 연도별 아파트 가격 변화〉라는 논문을 발표한 적이 있습니다. 이 논문에 의하면 층간소음 운영 규칙과 층간소음관리위원회를 구성해 2년 정도 운영 중인 아파트의 가격은 평균 1100만 원 상승한 것으로 나타났습니다. 또한 이를 2년 이상 운영했을 때는 서울이 평균 2600만 원, 경기도가 평균 1068만 원, 대구가 평균 2400만 원 상승했습니다.

대구 수성구 아파트가 성공할 수 있었던 것은 입주자대표회의의 관심과 지원 때문이었습니다. 이분들의 탁월한 리더십과 층간소음에 관심 갖고 있는 주민들이 힘을 합쳐 이루어낸 성과입니다.

우리나라 아파트에는 어느 곳이나 입주자대표회의가 있습니다. 입주자대표회의는 아파트의 크고 작은 문제에 대해 결정 권한이 있고, 입주민들이 직면한 문제를 어느 정도 해소해야 하는 역할을 맡고 있습니다. 하지만 유독 층간소음 문제는 입주자대표회의에서 나서는 게 아니라 관리소장에게 책임을 전가하는 것이 현실입니다. 관리소장이나 그 직원과 달리 입주자대표회의가 층간소음 문제 관련 폭행과 살인의 대상이 된 적은 거의 없습니다. 층간소음 문제는 아파트 공동의 문제입니다. 입주자대표회의가 책임을 회피해서는 안 됩니다. 이에 아파트 입주자대표회의 여러분에게 몇 가지 당부를 드립니다.

먼저 입주자대표회의는 주민들이 고통받고 있는 층간소음을 외면해서는 안 됩니다. 공동주택관리법 제20조와 관리 규약에 명시되어 있는 것처럼 입주자대표회의는 '관리 주체'이기 때문입니다. 하루라도 빨리 관리소장에게 층간소음 관리 시스템을 구축할 것을 지시하고 이를 이행할 수 있도록 지원을 아끼지 말아야 합니다. 현재로서는 층간소음관리위원회가 가장 적합하고 효율적인 조직입니다. 예전에는 아파트에서 층간소음관리위원회를 설치한 비율이 30퍼센트 정도였는데 최근 들어 50퍼센트에 육박할 만큼 관심이 커졌습니다.

간혹 상담과 강의를 하다 보면 층간소음관리위원회에 지급할 비용이 없다는 볼멘소리를 들을 때가 있습니다. 이런 분이 입주자대표회의 회장이나 위원이 되어서는 곤란합니다. 층간소음관리위원회 위원은 물론 관리소장, 관리소 직원, 입주민에게까지 층간소음 교육을 실시해야 합니다. 코로나19 사태 등에서 볼 수 있듯 시대가 변할수록 층간소음 피해 유형도 변하기 때문입니다. 다양한 변화에는 그에 걸맞은 대응책이 필요합니다.

이 글을 보고 있는 입주자대표회의 위원 중 자신의 아파트에 아직 층간소음관리위원회를 설치하지 않은 곳이 있다면 하루라도 빨리 만드시기를 권합니다. 층간소음관리위원회를 만들어 층간소음 민원이 관리사무소와 관리소장에게 집중되는 현상을 막아야 합니다. 층간소음이 아니더라도 관리소장과 관리사무소는 하자 보수, 아파트 단지 관리 등을 비롯해 할 일이 많기 때문입니다. 시대가 바뀌어 층간소음 민원 자체가 비대해졌으므로 이를 위한 별도의 전문 단체가 필요합니다.

이미 층간소음관리위원회를 구성한 아파트에는 박수와 찬사를 보냅니다. 전국 50퍼센트 안에 들었기 때문입니다. 하지만 50퍼센트 안에 들었다고 해서 층간소음관리위원회가 정상적으로 돌아가고 있다는 뜻은 아닙니다. 통계에 의하면 층간소음관리위원회를 설치한 아파트에서 해당 위원회의 가동률은 5퍼센트 정도밖에 되지 않습니다.

층간소음관리위원회의 활동이 미약한 이유는 활동비가 지급되지 않고 민원 해결 방법을 체계적으로 배운 적이 없기 때문입니다. 이에 층간소음관리위원회는 입주자대표회의에 활동비 책정을 요청해야 합니다. 이때는 일반적인 회의비와 민원인 방문 시 필요한 현장 비용, 교육 비용 등을 구체적으로 구분해 요청합니다. 그리고 층간소음 예방을 위한 층간소음 운영 규칙을 제정해야 합니다. 관리 규약에 나와 있는 일반 규칙이 아니라, 주민 대상 설문 조사를 통해 아파트 특성을 반영한 운영 규칙이어야 합니다. 이러한 운영 규칙은 아파트 층간소음 민원 해결을 위한 중요한 원칙이 되며, 층간소음관리위원회가 민원인을 상대할 수 있는 든든한 방패와도 같은 것입니다. 이를 위해서는 전문가의 도움이 필요합니다.

층간소음관리위원회 모집 공고(예)

층간소음관리위원회 모집

※ 관련 법조항: 공동주택관리법 제20조(공동 주택 층간소음의 방지 등)

1) 층간소음으로 피해를 입은 입주자 등은 관리 주체에게 층간소음 발생 사실을 알리고, 관리 주체가 층간소음 피해를 끼친 해당 입주자 등에게 층간소음 발생을 중단하거나 차음 조치를 권고하도록 요청할 수 있다. 이 경우 관리 주체는 사실 관계 확인을 위하여 세대 내 확인 등 필요한 조사를 할 수 있다.

2) 관리 주체는 필요한 경우 입주자 등을 대상으로 층간소음의 예방, 분쟁의 조정 등을 위한 교육을 실시할 수 있다.

3) 입주자 등은 필요한 경우 층간소음에 따른 분쟁의 예방, 조정, 교육 등을 위하여 자치적인 조직을 구성하여 운영할 수 있다.

상기 법조항에 의거해 우리 아파트에서 관리 주체 및 입주자대표회의와 함께 세대 간에 발생하는 층간소음의 갈등을 해결하기 위해 입주민 등을 대상으로 층간소음관리위원회를 아래와 같이 모집하오니 신청해주시기 바랍니다.

– 아 래 –

※ 모집 기간: ○○○○년 ○○월 ○○일 ~ ○○월 ○○일
※ 모집 인원: 5인 이상
※ 신청 방법: 신청서 작성(아파트 관리사무소에 비치)

○○○아파트 입주자대표회의장

층간소음민원조정신청서

층간소음민원조정신청서				
신청인	성명		생년월일	
	동·호수		(전화)	
층간 소음 현황	층간 주거 현황	○○동○○○호		
		○○동○○○호		
	소음 피해 시간대			
	피해 내용 및 경과			
신청 취지 및 사유				
최우선 요구 사항				

〈층간소음 예방과 민원 조정을 위한 관리 규약 준칙〉에 따라
층간소음 민원 조정을 신청합니다.

년   월   일

위 신청인: (서명 또는 인)

○○○동 ○○○아파트 층간소음관리위원장(인)

11

분양 시 층간소음이 적은
아파트 찾는 방법

경기도에 사는 서민철(가명) 씨는 5년 넘게 층간소음으로 고통받다 집 근처에서 대규모 아파트 단지를 분양한다는 소식을 들었습니다.

'지금 살고 있는 아파트는 20년이 넘었어. 그래서 층간소음이 심한 거야. 요즘은 과학도 많이 발달했고 기술도 좋아졌으니 층간소음 없는 아파트가 많이 생겼겠지. 잘 찾아보면 나 같은 사람을 위한 아파트가 분명 있을 거야.'

기대에 부푼 서민철 씨는 틈나는 대로 아파트 분양 사무실을 돌며 이것저것 꼼꼼하게 살펴봤습니다. 특히 층간소음 관련 자료는 빠짐없이 비교·검토했습니다. 덕분에 가장 우수한 차음재를 사용하고 층간소음이 1등급이라는 아파트를 분양받았고, 얼마 후 부푼 마음을 안고 입주했습니다.

'아, 산속처럼 조용하네. 이제야 사람 사는 것 같군.'

층간소음의 고통을 잊고 평온한 시간을 보내던 서민철 씨에게 악몽이 찾아온 것은 한 달 뒤였습니다. 공실이던 윗집이 이사 오고 나서 아이들 뛰는 소리가 들려오기 시작한 것입니다. 서민철 씨의 일상은 또다시 산산조각이 났습니다.

"층간소음 완전 해결 아파트."
"층간소음 저감 특화 아파트."
"층간소음 저감 차음 공법 적용."

흔히 분양 아파트에서 소비자를 현혹하기 위해 사용하는 문구입니다. 하지만 막상 입주해보면 전혀 다르다는 것을 알게 됩니다. 이러한 피해를 당하지 않기 위해서는 소비자가 최대한 안전한 아파트를 직접 찾아 나설 수밖에 없습니다.

먼저 층간소음과 바닥 충격음이라는 용어에 대해 알아야 합니다. 둘은 용어가 다르듯 그 의미도 확연하게 다릅니다. 먼저 층간소음은 직접 충격음과 공기 전달음으로 구분됩니다. 이에 반해 바닥 충격음은 중량 충격음과 경량 충격음으로 구분됩니다. 경량 충격음은 비교적 가볍고 딱딱한 충격에 의한 바닥 충격음을 말하고, 중량 충격음은 무겁고 부드러운 충격에 의한 바닥 충격음을 말합니다.

여기서 눈여겨봐야 할 것은 바닥 충격음은 시공할 때 사용하는 용어이고, 층간소음은 입주 후 사람들에 의해 발생하는 실생활 소음이라는 점입니다. 시공사들은 '바닥 충격음'을 소비자의 이해를 돕는다는 명목하에 '층간소음'이라는 용어로 바꾸어 사용하는데, 이는 소비자를 기만하는 행위입니다. 왜냐하면 시공사들은 그동안 층간소음에 대해 책임을 회피하는 모습을 보였고, 지금도 그러하기 때문입니다. 온갖 미사여구를 늘어놓으며 광고하곤 문제가 발생하면 이렇게 말하기 일쑤입니다.

"우리는 바닥 충격음 규정에 따라 시공했다. 층간소음은 시공 후의 문제 아닌가? 소비자의 생활 방식 때문에 층간소음이 일어나는 것 아닌가? 더구나 층간소음은 사람마다 느끼는 강도가 다르다. 우리가 소비자의 생활 방식까지 일일이 책임질 수는 없다."

그동안 저는 사람들이 시공을 잘못해 층간소음이 발생한다고 주장할 때 특별한 문제를 제기하지 않았습니다. 심증만 있을 뿐 확실한 증거가 없었기 때문입니다. 하지만 2019년 감사원의 충격적인 조사 결과(공공·민영 아파트의 60퍼센트가 층간소음 부실시공)를 접한 뒤로는 시공사의 행태를 비판하기 시작했습니다.

그렇다면 소비자들이 분양 시에 층간소음이 덜한 아파트를 고르는 방법은 없을까요?

먼저 아파트의 바닥 슬래브 두께가 210밀리미터가 넘는지 확인해야 합니다. 슬래브는 두꺼울수록 좋은데 최근에는 230밀리미터 이상인 아파트도 많으니 유심히 살펴보십시오. 바닥 충격음의 성능 등급(규제 기준)을 잘 지켰는지도 확인해야 합니다. 최소 기준은 경량 충격음 58데시벨, 중량 충격음 50데시벨입니다. 바닥 충격음의 소비자 등급도 확인하는 게 좋습니다. 소비자 등급은 경량 충격음과 중량 충격음 모두 1~4급으로 구분되는데, 1급에 근접할수록 층간소음 피해를 받지 않을 확률이 높습니다. 여기서 주의할 점은 시공사는 경량 충격음과 중량 충격음을 따로 구분하지 않고 두 가지 중 소비자 등급이 우수한 쪽만 소개한다는 것입니다. 따라서 반드시 중량 충격음의 등급을 확인해야 합니다. 현재 층간소음 민원의 70퍼센트 이상이 바로 아이가 뛰거나 어른들의 발망치, 가구 끄는 소리 같은 중량 충격음(직접 충격음)이기 때문입니다. 중량 충격음의 소비자 등급이 1~2급이라면 어느 정도 안심해도 됩니다. 하지만 아쉽게도 국내 기술은 대부분 소비자가 원하는 기준치에 미치지 못하고 있습니다.

또한 분양 홍보물 설명과 설계 도면상의 설계가 동일한지도 확인하는 게 좋습니다. 설계 도면은 분양 사무실에 직접 찾아가서 문의하면 됩니다. 그리고 분양받을 때 바닥 충격음과 관련한 홍보 자료를 모두 모아두는 것이 좋습니다. 입주 후 관리사무소에 있는 건축 도면과 홍보물의 설명이 다르다면, 소송을 통해 피해 보상을 받을 수 있는 중요한 근거 자료가 되기 때문입니다. 시공사가 분양 후 발생하는 민원 저감 서비스(민원 상담, 소음 저감 기술 서비스 등)를 제공하는지 확인하는 것도 중요합니다. 시공사의 현란한 홍보물에 더 이상 현혹되지 않는 현명한 소비자가 되었으면 좋겠습니다.

12

층간소음 적은 아파트 고르는 방법

"소장님, 층간소음 없는 아파트 좀 소개해주세요."

민원인이 이렇게 물어올 때마다 제 대답은 한결같습니다.

"층간소음 없는 아파트는 없습니다. 층간소음 적은 아파트만 있을 뿐이죠."

층간소음의 고통을 아는 사람은 집 구할 때 소음 문제를 가장 먼저 따져보게 됩니다. 돈을 좀 더 주더라도 층간소음이 적은 집을 구하고 싶은 마음이 큽니다. 이런 분들을 위해 층간소음 적은 아파트를 고르는 노하우를 알려드립니다.

먼저 아파트 구조를 잘 살펴봐야 합니다. 우리나라의 아파트는 대부분 벽식 구조로 되어 있습니다. 벽식 구조는 기둥과 보 등 골조를 넣지 않고 벽이나 마루로 구성한 건물을 말합니다. 바닥 울림이 벽을 타고 다른 세대로 그대로 전달되기 때문에 소음이 잘 발생합니다. 비용 절감과 많은 세대를 만들기 위해 이 방식을 많이 사용합니다.

기둥과 보, 바닥으로 이루어진 기둥식 구조도 있습니다. 이 구조는 소음이 보와 기둥을 타고 분산되는 효과가 있습니다. 그래서 벽식 구조에 비해 층간소음이 적은 편입니다. 다만 공사 비용이 많이 듭니다. 도심에 있는 고급 주상 복합 아파트는 대부분 이런 구조로 지어졌습니다.

무량판 구조는 보 없이 바닥과 기둥만 있는 구조입니다. 기둥식 구조와 마찬가지로 기둥을 통해 소음이 분산되는 효과가 있습니다. 또한 보가 없어서 층고가 높다는 특징이 있으며 기둥식보다 비용이 적게 들어 요즘 들어 건설업계가 선호하는 구조이기도 합니다.

기둥식 구조, 무량판 구조, 벽식 구조 순으로 소음이 적으니 참조하기 바랍니다. 구조만큼이나 중요한 것이 바로 바닥의 두께입니다. 두께가 얇을수록 층간소음에 취약할 수밖에 없습니다. 특히 2005~2010년에는 규제가 완화되어 바닥 두께를 얇게 시공한 경우가 많으니 건축 연도를 꼭 확인해보세요. 확실한 방법은 관리사무소에 가서 아파트 사업 승인 때의 바닥 두께를 확인해보는 것입니다. 바닥 두께가 210밀리미터 이상이어야 좋습니다.

이왕 관리사무소에 방문했다면 관리소장이나 직원들에게 층간소음 민원 현황을 물어보는 게 좋습니다. 특히 이사하고 싶은 집이나 관심 갖고 있는 집의 윗집과 아랫집의 민원 여부는 꼭 확인해봐야 합니다. 층간소음 분쟁이 심한 집이라면 관리사무소 직원들에게도 소문이 나 있을 것입니다. 층간소음 피해를 막을 수 있다면 이런 사전 정보도 적극 활용해야 합니다.

민원 여부는 관리사무소뿐만 아니라 부동산 중개 사무소에서도 확인해보는 게 좋습니다. 동네 소문이 모이는 곳이 부동산 중개 사무소이기 때문입니다. 부동산 중개 사무소를 통해 구매하려는 집을 방문했다면 집주인의 양해를 구하고 발을 굴러보는 게 좋습니다. 발을 굴렀을 때 진동이 심할수록 층간소음 발생 확률이 큽니다. 이 간단한 방법만으로도 층간소음의 정도를 파악할 수 있습니다. 여기서 끝내지 말고 저녁(7~9시)에 한 번 더 해당 세대를 방문해보는 게 좋습니다. 이때 윗집과 아랫집의 소음 정도를 파악합니다. 주간에는 듣지 못했던 미세한 소음이 밤에는 들릴 수 있기 때문입니다.

층간소음관리위원회가 있는 아파트를 선택하는 것도 좋은 방법입니다. 층간소음 문제가 발생하면 대부분 처음에는 관리사무소에 전화를 걸어 해결을 요구합니다. 그러나 관리사무소 입장에서는 해당 세대 모두 입주자이기 때문에 어느 한쪽 편을 들기도 어렵고, 적극적으로 개입하기도 쉽지 않아 결국 서로 감정만 나빠지기 일쑤입니다. 하지만 층간소음관리위원회가 있는 아파트는 다릅니다. 층간소음관리위원회는 공동주택관리규약에 의거해 입주민들이 자체적으로 구성한 단체이므로 입주민의 층간소음 문제에 적극 개입할 수 있습니다.

또한 층간소음관리위원회가 있다는 것만으로도 층간소음 저감에 많은 노력을 기울이고 있다는 증거이기 때문에 층간소음으로 인한 이웃 간 불화가 생길 확률이 그만큼 적어집니다.

당신은아파트에
살면안된다

1판 1쇄 인쇄 2021년 6월 18일
1판 1쇄 발행 2021년 6월 25일

지은이 차상곤
발행인 허윤형
펴낸곳 황소북스
본문 일러스트 케티이미지
주소 서울 마포구 양화로 26(KCC엠파이어리버 704호)
전화 02 334 0173 **팩스** 02 334 0174
홈페이지 www.hwangsobooks.co.kr
인스타그램 @hwangsobooks
이메일 hwangsobooks@naver.com
등록 2009년 3월 20일(신고번호 제 313-2009-54호)
ISBN 979-11-90078-18-4 (03300)
© 2021 차상곤